令人挫折的不是跌倒，而是從來不敢向前奔跑

徐竹 著

傾聽你的心聲，做對的事

在人生的每一個階段，我們都會對自己有很多期許：例如幾歲能夠升遷到某職位？何時存到人生第一桶金？什麼時候建立一個美滿的家庭？這些願望或大或小，有些是自我價值的實現，有些甚至超越了當時能力所及，有些是為了符合社會、符合別人的期待，於是在我們的生活中，慢慢產生了許多煩惱。

我們開始感到焦慮、不安，然而事情並沒有因為你的憂慮而改變，情況也許更糟，於是我們陷入情緒的低潮。當你希望面面兼顧，卻什麼都做不好時，就會讓你感到苦悶，此時，唯有調整你的腳步、保持冷靜的態度，才能讓你脫離困境。

在追求夢想、實現期望的人生道路上，難免有挫折、困惑的時候，如果在這時裏足不前或是害怕挫折而選擇了放棄，最後你獲得的僅是懊悔，只有不害怕失敗，面對挫折才能讓自己更強大。

大步夢想前進很重要，但當夢想比夢境更不切實際時，你將會覺得活著很辛苦，所以，對自己有信心固然是好，但是好高騖遠又是另一回事了。

我們常常忘了自己的實力有多少，什麼年紀該做什麼樣的事情，如果在極年輕時就被稱為「董」字級，你覺得往後的日子，你還能再做些什麼？太早成功，未必是件好事。

或許，你羨慕別人如雲端般的富裕生活，自己卻沒有那樣的條件，每每想來只會讓你更加憤憤不平，這時候還不如安安份份做你應該做的工作，盡好責任，這才是真正屬於你的日子。

做適合你的工作與過你應該過的日子，就是一種成就。如果你強迫自己要變得和別人一樣，反而會痛苦不堪，即使讓你得到了全世界也不會快樂。

我們常常聽人說：「順著你的心去做就對了。」這聽起來像是一個口號，真的能做到的人少之又少。因為大部分人的心意和現實是相違背的，但至少你能選擇做對的事情，做那些能令你感到滿足與有成就感的事。

任何的起步永遠沒有太遲的問題，如果你在年輕時就能找到人生的方向，恭喜你！你年紀稍長才領悟到這點，也不算晚，比那些渾渾噩噩過一生的人而言，還是幸運的。

或許你要問：「我現在還來得及嗎？」「是不是機會已經不存在了？」如果你可以當下決定行動，那些都不會是你該擔憂的。

每個人都希望過著悠哉的日子，但在得到這份「禮物」之前，你必得先付出。

不管你是把工作當樂趣的「工作狂」，還是希望將來能過著享樂的生活，養成正面積極、樂觀向上的態度，將能使你在生活中無往不利。

CONTENTS

CHAPTER 03 生活苦不苦全在一念間 97

CHAPTER 05 人生中的 GPS 197

CHAPTER 01

沒有人能代替你過日子

01

為了反對而反對

對那些我們還不確定的問題，先別急著反對，除非你已經想到更好的辦法，也精確分析過各種現狀了。

拜科技發達之賜，現在到處都是可以發表意見的平台，於是在沒有人「看見」、不會有人知道你是誰的情況下，那些平常不敢講的話，不敢發表的聲音，就開始肆無忌憚，毫無拘束地蔓延開來。於是乎，在現在的社會中，出現了一群所謂的「酸民」。

這些人對看不順眼的事，會開始批評、挑剔，有時候甚至為了批評而批評，喜歡跟風炒話題到處留言，人生志向就是能夠在別人地盤講幾句話刷一下存在感，而「好為人師」的他們，也特別愛用負評來證明自己很行。

其實，在每個人的成長過程中，或多或少有過這樣的心態——孩提時期的我們也會什麼都說不、有著莫名其妙的堅持、一不順他意就哭鬧打人——總覺得自己的想法，和對方或是長輩的意見背道而馳時，能產生某種快感。

那時候的我們還年輕，還在懵懵懂懂的階段，凡事都一知半解，也沒有所謂的生活或社會歷練，僅憑著一股衝動，想要瓦解別人加諸在自己身上的枷鎖，認為自己可以與眾不同。

猶記得，有一次我表現出強烈的叛逆行為，不斷否定周遭其他人的想法，我滔滔不絕，企圖讓他人肯定我、看重我，忽然，有個人對我說：「既然如此，你贏了！就照你的想法去做吧！」那時，我反而陷入一片惘然。

因為沒得反對、沒得爭執了，我從質疑對方轉而開始懷疑起自己，真的要照自己的方法去做嗎？我這樣對嗎？在這時候，我的心頭反倒出現層層的猶疑和矛盾，因為不確定自己是不是真的找出解決的方法？我所思考的，真的是最好的規劃嗎？

就像有一些人不分青紅皂白，就站在反方立場，開始酸言酸語，卻忽略自己真正想得到的是什麼？究竟是想逞一時之快？還是只想表示自己比對方優秀？當那些瞬間的快感消失之後，還留下什麼？

頓時，我明白了，其實很多時候，只是因為不想被約束、不想聽別人告訴自己該怎麼做，就是一個勁的只想為反對而反對，卻不知道爭贏之後，下一步該做什麼？

年輕時，可以辯解那時是單純無知，但是，如果這樣的心態一直延續到成年人身上，就很不妙了！成年後的世界，已經沒有父母師長可以幫你收拾善後了，你必須對自己的生命負責，而不光是打打嘴砲這麼簡單。

人的習慣是無論是做事或是思考，久了就會落入固定模式，忘了尋找更好的方法。我們可以試著挑戰那些慣例，故意唱反調，問：「為什麼一定得那樣做？」但不是全盤的否定他人。因此，在遇到與你看法、觀念都不相同的言詞時，我們要學習的，是以一種開放的態度去面對，先思索對方說得有沒有道理？而自己的觀念是不是也有需要妥協的餘地？

一個真正有智慧的人會懂得聆聽，然後再去思索，為事情做最好的規劃，而不是衝動推翻那些與你不同的想法。

良好的經驗是一種學習，然而，負面的經驗也是很好的教材。當你清楚自己為什麼要反對、反對的理由是什麼？還有，你已經有更好的處理方式，你的反對才會有意義，也才能避免讓自己陷入激進的狀態，成為被利用的角色。

02 樂在其中的興趣

培養興趣非常重要，它將會是你一輩子最忠誠的朋友，為你的生命帶來璀燦的火花。

你會把空閒下來的時間用在什麼地方？

人不是機器，不可能一天二十四小時都在工作、睡覺，偶爾停頓下來的休閒時光，如果只是把錢花在一些毫無意義的娛樂上，然後安慰自己，這是對自己辛苦工作的回報，這麼做真的值得嗎？這樣的快樂來得快、去得也急，歡樂之後，必須更加倍付出。

這並不是鼓勵大家把能娛樂休閒的時間，全都花在工作賺錢上，而是要靜下心來想想，這麼辛苦賺錢打拚是為了什麼？

如果我們的收入足夠生活所需，就應該善用時間的分配，偶爾讓自己停下來休息一下，檢視自己的生活，你會發現「興趣」是可以伴隨我們一路成長，並且讓我們有個抒發情緒的管道。這種休閒方式可以幫我們度過生命低潮，即使在最貧困的日子裡，依然能自得其樂。

你可以發現，那些音樂的起源地，往往在最貧窮落後的地區；最美的藝術創作，往往出自於貧困潦倒的大師。

我有一位喜歡畫畫的朋友，她已經好久沒有提筆作畫了，我之前聽到她提：「我最近事情真的很多，工作開始忙了起來，戀情也搞得我焦頭爛額，我真的沒時間……」不久，開始聽她抱怨起那段破碎的戀情，而事業也開始不太順利，有好長的一陣子，她始終處於低潮期。

直到某天，她又開始畫畫。「這種感覺真棒！」她神采奕奕，眼睛發亮。由此可知，有個精神寄託、有一個不帶來壓力的出口，是非常重要的。

每個人都需要精神上的依賴，世事多變，許多外在的環境不是我們所能掌握的，而當深陷困境、一籌莫展時，興趣往往就成了你最佳的精神良伴。我們可以從中沉澱自己。

不僅如此，猶太法典《塔木德》（Talmud）提到：「一個人應該時刻不間斷的去做好事，即便是別有用心，也會因此產生出想要做好事的欲望。」我們的行為，會反過來影響我們內心的狀態，包括情感。當我們開始學習一項感興趣的才藝、培養運動或是閱讀的習慣等，你會發現這些興趣行為將影響我們的情感呈現。

我們賺的錢，只能陪伴我們一時；而我們所培養的興趣，卻可以陪伴我們長長久久，並為我們帶來多采多姿的生活。

你的興趣是什麼？如果你已經在日常生活「享受」你的興趣，那真是太棒了！如果它被你遺落在某個角落，請試著去找回它吧！如果你還沒有什麼興趣，就從現在開始培養吧！

03 別讓「雜音」影響判斷力

想排除雜音，除了堅定的意志之外，平常就要養成獨立思考的能力，才不至於被愚弄。

在現代社會中，人與人之間可以分配到的空間資源變得稀少，打開門就可以看到鄰居，想去吃個飯，還得排隊，甚至走在路上，隨處可見人群，或許這樣會讓你有安全感，但卻得付出同等的代價，就是你也得承受別人對你的影響。

那些半夜裡傳出的麻將聲、音響、桌椅挪動的聲音，甚至是外頭呼嘯而過的摩托車聲，不斷滲透到生活中，對於那些想追求耳根清淨的人，只好在家裡裝設隔音、或是搬到較高的樓層，或是遠離市區。

然而，除了上述的種種噪音之外，那些散播的謠言、製造的誤會和疑慮的話語，更是生活中的「噪音」之一。

那些在背地裡說別人壞話、發牢騷，甚至責罵等否定的言語，都是腐蝕我們人生的「壞字眼」。那些喜歡在人們耳邊嘮叨的雜音，其實和噪音沒兩樣，喜歡亂提供意見的人，也是在製造噪音。

這些人喜歡告訴別人「應該」怎樣做，而不是自己該這麼做，他們的意見多得像滔滔不絕的江河，不把人淹沒不罷休。

現在透過媒體，或是網路放出消息，就可以收到數萬倍的效果。當那些消息散布出來，再加上唯恐天下不亂的傢伙，到處奔相走告，就產生了足夠的效果，不但影響了多數人正確的判斷和思考能力，而且好像不隨波逐流，就是個叛徒。

我曾在網上看過一個荒誕的故事，一個隨波逐流而失去該有的理性判斷的故事。

有一個國家，舉國上下都得了癲狂病，整天做一些荒唐至極的事。為什麼呢？原來這個國家有一口叫做「狂泉」的井，誰要是喝了井中的水，立刻就會變得癲狂起來。除了國君外，全都喝了，所以一個個都瘋瘋癲癲的。而國君喝的是另一口專供他一個人飲用的水井。

在全國人民的眼裏，無病的國君成了一種病態。因此他們商量好，大家一起動手給國君治「病」。這些人輪番給國君拔火罐、針灸、服草藥等能用的辦法全用上了。最後國君不堪忍受這種折磨，只好到「狂泉」去飲水。國君喝了「狂泉」的水後，馬上就得了癲狂病，也變成了瘋子。於是，這個國家從上到下，無論國君還是臣民，所有的人都一樣瘋瘋癲癲，這樣，大家反而都高高興興、心安理得了。

在情緒激昂時，我們很容易被別人的意見影響，覺得「心有戚戚焉」，但是過一段時間，冷靜下來後，往往會發現事情並非如此，而且被雜音牽著鼻子走，事後都有可能懊悔。

看看那些遊行時的人群，如果受到煽動，就會變得相當粗魯，出口成「髒」還是其次，整個人就像被鬼附身似的，你就知道群體的力量有多麼可怕。而這種「團體」的聲音多半帶著激情和負面情緒，往往讓人做出衝動且事後悔恨不已的事。

可是，在群眾的掩護下，會誤以為那是最正確的信念。等到兔走鳥散，你才發現當時的自己有多傻，平白成了別人利用的棋子。

不思考別人話語背後的意思，卻傻傻認為自己聽到的都是真的，就像一群盲從的小雞，原本事情可能沒這麼糟糕，卻因為聽信了那些話，讓你付出慘痛的代價。

仔細觀察那些傳播消息的人，大多是低不成、高不就，他們批評別人頭頭是道，卻沒有過什麼光榮的成就。他們不只喜歡出點子，更善於煽動人的情緒，來達到自己的利益。

希望你在聽到那些「雜音」的時候，能夠冷靜下來，除了用耳朵「聽」，還要用大腦去分析判斷，才能做真正的自己。

04

遠離悲觀的人

學會處理自己的情緒，隨時為自己打上避免憂鬱的預防針；即使在陰雨的日子裡，依然能找到令人欣喜的樂章。

當我們看到一齣悲劇電影時，會受到那樣的氛圍而感到哀傷；見到他人的不幸，我們也會掬一把同情之淚，悲傷就像傳染病一樣，很容易在人群中蔓延開來。

而一旦抽離那樣的環境，才猛然驚覺，那些負面的念頭和真實的生活並無關聯，而那些行為也顯得幼稚可笑。

只是，人畢竟是情感的動物，很容易被情緒打動，而歡樂與悲哀都和周遭環境息息相關。如果你身旁充滿積極振作的人，你自然而然會變得跟他們一樣，就算再不幸的事情發生在身上，也能因為別人的安慰而一笑置之。如果身旁是個老打悲情牌的人，要笑得出來也很難。

精神的力量是非常強大的。

我們每天都有千萬種意識從腦海閃過，多少是積極正面的？多少是負面消極的？正負意識的博弈，又有多少次在恐懼，害怕，失落，悲觀，自憐中被擊退？

曾經紅透半邊天的《秘密》一書中主要表達了吸引力法則，從中我們可以知道關注什麼，就吸引什麼。所以，想當一個快樂幸福的人，就不該讓自己經常接近那些引起你憂傷的人或事，沉浸在情緒低潮裡，再大的幸運也會因為你的眉頭深鎖而遠離。

人都有種慣性，當心情低落時，會習慣找那些願意聽他訴苦的人，尤其是那種完全不會拒絕的對象，就自然而然成為他傾吐怨氣的垃圾桶。可是，美國哲學家威廉詹姆士也說過：「不快樂的態度，不僅令人痛苦，它還很邪惡、醜陋……還有什麼比它更傷人？比它對解脫困境更無助益？它只會讓你陷溺在所遭致的難題上，並提升該情境整體的險惡程度。」身為朋友，你有責任開導他。

但是，必須謹記一件事，接納是有限度的，如果發現對方一而再、再而三，在同樣的問題上打轉，而你提供的意見他又完全聽不進去，也不願意行動時，這時他的問題就不是你該負責的，而是心理醫生的責任了。

會不斷抱怨同樣事情的人，大多是希望吸引別人的注意，而未必真的想聽取他人的意見。那些以自憐博取同情的人也是自私的，因為他們不會想到這會帶給別人心理上的壓力和困擾。

當這類人真的重新振作、重拾歡笑時，也不會記起那些曾經付出時間和精力給他的友人，他只會去找那些可以和他共同享樂的朋友，是標準的「把悲哀留給別人，快樂留給自己」的傢伙。

何苦跟這種人糾纏不清呢？暢銷作家威爾．鮑溫更進一步提出：「覺得別人常在抱怨，是因為你也一樣。」因此，覺察身邊有多少抱怨，也有助於你明白，這些抱怨有可能與你的內心心境是相同的，會不會是你吸引了這些抱怨？

學會「苦中作樂」是快樂的哲學，事實既然都已經發生了，為何不讓自己改變心境？要知道，抱怨和悲傷只會讓你繼續痛苦下去，坦然、開放的心胸則能讓你重獲新生。所有負面的情緒都是自己招來的，只要你願意說「不」，關上那道憂傷的大門，心境必然能煥然一新。

凡事都有一體兩面，令你難過的事情背後，必定也曾經有過歡樂的事，就像一段失敗的戀情，也曾經有過快樂的時光，端看你從哪一面去看待？與其和別人一塊哭泣，何不製造快樂的氛圍，然後散播出去，這時你不僅改變了自己，同時也能影響他人。

05

未雨綢繆，給未來儲備糧食

真正快樂的人來自於生活的無慮，這包括財物和人際關係，都必須在我們狀況好的時候多儲存實力，以備不時之需。

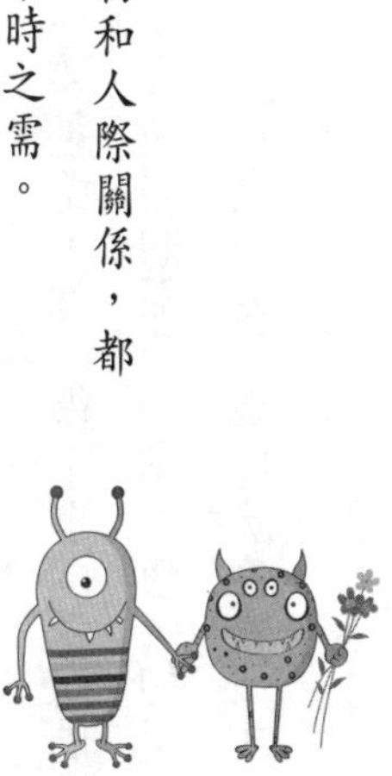

人們往往會羨慕那些好命的人，忘了他們的世界也存在著危機與不幸，像是富有的人一夜之間負債累累、達官貴人捲入桃色糾紛而失去職位、大明星因為醜聞而消失匿跡……，這樣的事情時有所聞。人生無常，沒有恆久不變的人事物。而這個無常常在我們失去對生活的危機意識時，立刻尾隨而至。

當日子平順，往往令人失去戒心，這時，可能讓自己暴露在危險當中而不自知，只要命運的槌子輕輕一擊，就足以讓生活瓦解、失敗。黑暗，永遠隱藏在我們看不見的角落，等我們脆弱，就會撲過來。

如果你能了解這樣的觀念，並時時小心謹慎，就能做出最佳的保護措施。

在伊索寓言裡有這麼一篇故事：有一隻瞎了左眼的鹿，牠只剩下右眼可以看這個世界。有一次，牠到河邊吃草，用那個完好的右眼緊盯著河岸，因為牠知道，獵人和獅子會躲藏在那裡，趁牠不注意的時候，出來消滅牠。不料，有艘船剛好駛過，船主人看了那頭鹿，便一箭把牠射死。

這個故事告訴我們，通常在我們失去戒心，以為最安全的時候，才是危險最容易靠近的地方。

我們對某些人懷有敵意，在他們面前總是做好防禦的姿態，甚至主動去攻擊對方，卻萬萬不會想到，真正害你的，其實是身邊的人。「明槍易躲、暗箭難防」，就是這個道理。

所有的災難往往出乎我們的意料之外，想要避免，就不得不事前考慮周詳。就像河川的堤防，當洪水來臨時，會朝向最脆弱的部分沖刷宣洩，如果整座堤防堅固性不一致，遲早會造成禍害。因此我們需要凡事提防警覺，才不會讓災難有機可乘。

《誰動了我的乳酪》一書中說：「不管你是否希望，變化總是會不斷出現。但是，只要你作好準備，變化就不會讓你驚慌失措。」你覺得自己很聰明，不會掉入詐騙集團的陷阱，卻因為深信友人而破產，這樣的情節，不斷在我們的生活周遭上演，如果眼睛不夠雪亮，身旁處處是危機。

這並不是叫你要成天過得提心吊膽、草木皆兵，讓自己時時活在恐懼中，而是要你時常檢視自己的生活，清楚自己的弱點在哪裡，並想辦法補強。就算你的能力無法面面俱到，至少也要替自己留退路。

在人類的歷史上，創造劃時代戰績的成吉思汗，為何可以占領歐亞大陸？從歷史劇或歷史小說中可知，蒙古軍所穿的軍服，除了一般的軍裝配備外，每位軍人都隨身帶了兩袋裝滿牛肉乾的袋子，征戰的路途中，只要加點熱水，即成了牛肉湯，不僅解決食物的問題，也提高了軍隊的機動性。

除此，體型小、對環境適應力強的蒙古馬也是他們的最佳戰力來源，再加上配合蒙古馬而改良的馬鞍、軍鞋、馬蹬，無疑是蒙古軍優異競爭力的說明。也因為有這些準備，才能在任何時候都能發揮自己最大的爆發力。

人們習慣了一層不變的生活，面對改變，是痛苦的，是不愉快的，但是想想與其被迫地接收改變，不如自己主動的改變自己，好在遭遇突變時，不至於狼狽、沒有支撐。

「預防」也許一時看不出成效，但想想可能發生的危機，就不會覺得這些動作是多餘了。

06

冷靜面對意外的人生

保持一顆冷靜的心，可以幫你度過那些風雨。

人生總是有些難以預料的事發生，可能是不小心開車和他車擦撞；走路不小心摔一跤骨折；原本好好的工作，卻出了狀況；期盼許久的升遷，卻出現競爭者……這些事情，讓你的心情一下子大受影響。

通常面臨這些情形，難免令人驚慌失措，好像天外飛來一朵烏雲籠罩在你的生活中，讓人心情低落。

人畢竟是情緒化的動物，面臨這些意料之外的事，我們很難不焦慮、不緊張。不過，面對意外，每個人的反應都不同，別小看那些負面的情緒，它們可能由小處延伸到大面向，進而影響你未來的人生。

發生意外的話，最好保持平常心，失去冷靜，可能讓你無法專心於真正

重要的工作，甚至可能因負面情緒而做出錯誤判斷，造成更糟的結果。唯一能讓你撥雲見日的，只有靠生活上的智慧，那就是保持一顆沉穩、冷靜的頭腦。

意外，聽起來似乎都是讓你跌落人生的谷底；但是還有一種意外剛好相反，反而是讓你站上人生的顛峰。

有一陣子，我因為採訪而接觸到一位名人，在這之前，對她的印象只有在螢光幕前的刻板印象，等看到本人之後，一時間反而有種不真切的感覺。如果不是因為工作的關係，我想大概不會想和這種沒什麼好感的人接觸。

但見到她之後，她展現平易近人和熱情的態度，讓我對她的印象有了一百八十度的改觀。

尤其當她提到自己成名的過程，相當具有戲劇性。「記得前一天我才不過是一名默默無聞的小職員，怎麼好像一覺醒來，就被大家認識了。」她形容得好像是中了樂透彩一樣。「那種感覺好像作了一場夢。你說現在你這樣坐在面前訪問我，這是真實的嗎？」我不禁笑了起來，點點頭說：「聽你這麼說，我也有些虛幻的感覺。」

這就是人生，你無法預測哪天你也可能搖身一變，成為眾所皆知的人物。成功與失敗總是一體兩面，我們都可能面臨這樣的轉變，除非你封閉自己，不跟外界接觸。

只是，當榮耀降臨時，你是否會因此昏頭？當生活墜入谷底時，你是否還能堅強面對，這都決定你未來的人生之路。

命運，它很神奇，它可以突然讓你享受榮華富貴，也可以一夜之間把所有帶走。請記住，無論外在環境如何改變，唯有你是不變的，如果能了解這點，就不容易被名利所迷惑，而失去自我。

即使風光的時候也能用平常心看待一切，不造成價值觀的混淆，保持生活上的平靜。

我們也可以看到一些原本是平凡人，因為「意外」成功而糜爛的例子：像是辛苦了好幾年，過著窮困潦倒生活的歌手或樂團，有一天忽然成了大家追捧的大明星，於是開始酗酒、嗑藥，生活荒腔走板，失去了創作的動力，反而落入悲慘的結局。也有平凡的人，突然中了樂透，就開始揮霍無度，最後，不僅損失了財富，連家人也失去了。

當然，不是每個人都是如此，然而真正能夠享受成功，並為自己帶來幸福的人，必然是能掌握方向的人。他們懂得珍惜意外的好運，不會因此而改變本性，他們必定會是讓人真心想要親近的人，因為他們真誠的態度，也會讓他們得到更多的祝福。

無論人生如何劇烈變化，永遠保持一顆清晰的頭腦，不被成功沖昏頭，也不會因為暫時的挫折而否定自己，那麼，你的人生永遠都會是光明而美好的。

07

沒有人可以代替你過日子

先有你的想法，再去參考別人怎麼說，你會得到比較客觀的理念。不懂得思考的人，最後只能成為他人手中的籌碼罷了！

有著這麼一個小故事：

很久以前，一群青蛙們因為沒有國王來領導牠們，牠們對此感到不滿意，於是便派代表去見天庭最大的王——宙斯，請求給他們一個國王。

宙斯一開始沒有講話，但受不了青蛙們的死纏爛打，宙斯便隨便將一塊木頭扔到池塘裡，說：「這是你們的國王。」

青蛙最初聽到木頭落下的聲音，嚇了一大跳，紛紛潛到池塘裡去。過了好一會，發現木頭浮在水面，一動也不動，才安心回到水面上，當他們發現木頭不會傷害他們，大家開始爬上木頭唱歌，把剛開始的害怕忘得一乾二淨了。

過了一段時間，他們覺得這個木頭國王既不動，又不講話，又去見宙斯，請求給他們換一個國王。他們的理由是：這個國王太遲鈍了。

結果這次宙斯被激怒了，於是派了一條水蛇過去，青蛙最後都被他們的新國王給吞了。

這是伊索寓言裡提到的一則故事，嘲笑那些不懂得思考，卻希望別人給他一些什麼的人，最後讓自己吃了大虧。

我們一般人不也是如此？習慣聽取別人的意見，卻很少先問問自己想要的是什麼？一個事事都喜歡依賴別人的人，往往失去生命中最重要的東西——理想。

在我們生活中有著太多的教訓，都是因為過度聽信別人的說法，反而給自己找來一身麻煩。

像是那些成功者告訴你長篇大論的方法，你卻無視於對方的背景，而以為自己有和他一樣的條件；失敗者訴說不完的經驗和教訓，但是這是他們的過程而不是你的。你可以「參考」其他人的意見，但並不代表你照著去做就能成功，或是避開挫折。

因為每個人的狀況都不同，即使多數人的意見一致，也不代表那就是真理，更何況是那些少數不夠了解你的人。如果因為別人的意見而讓自己做出錯誤的決定，最後的苦果卻只能自己吞下。

我們都知道植物需要養分、進行光合作用，才能茁壯，這是最簡單的自然法則。而那些陽光和水，都自然存在於天地間，對那些生物而言，卻是生存最重要的資源。有些植物需要大量的水，而有些植物卻會被大量的灌溉給「淹死」，如果你不清楚它的特性，不給予適當的照顧，只會適得其反，未經消化過的東西只是材料而已。

在人類看來最珍貴的珍珠和鑽石，對其他動物而言，不過是廢物而已，既不能吃、又不能啃，套用在人類身上，這就是不同的價值觀。

一個資訊的「價值」也必須經過你的「消化」，成為真正適合你的「養分」，對別人有用的方式放在你的身上，未必行得通。如果把那些不適合你的「材料」通通都吞進去，就像喝了太多水的仙人掌一樣，不但不會壯大，反而會因此潰爛。

在思想的世界裡，我們都是漫遊者，我們不必受限於別人的期待，如果你不喜歡，你也可以拒絕外界的標準和價值。但前題是，你必須認清自己，才能堅定信念。

每個人都是獨立的個體，只是以群聚的方式生存著，因此，先搞懂你自己才是重要的。如何找出最適合自己的方式，才是真正對你有意義。

那麼，如何找出真正屬於你的價值，就是要培養獨立思考的能力，以下有幾點可以做為參考：

1.從生活經驗中學習：那些你聽來的、看見的，未必都是真的，必須要有研究精神，從各個角度分析，才能得到真正的答案。

2.要勇於和別人不同：在某些時候，我們常會因為需要「認同感」而埋葬了自我，因此，在追求信念的過程中，有時你必須忍受他人暫時的誤解和批評。這不代表你就是特異獨行，這只是你追求理想的一種方式，無需為此而過度擔心，因為人群總是容易見風轉舵，當你有所成績時，馬上又會成為別人認可的對象。

3. 提早設定目標：唯有先訂定你所想要的結果，才能排除那些妨礙的雜音，不致使你陷入三心二意、無所適從的窘境。

切記，要讓自己生活有所長進，你需要的不是迎合，而是有自己一套經過反覆思考而來的方法。

08 預設立場、衍生煩惱

當你想得太多時，還不如以豁達的心態面對今天，盡心盡力過好每一天。

很多時候，我們想的比做得多，但問題往往就發生在我們很容易因為預設立場，而產生偏差的觀念。過多的預測往往先嚇壞自己，在事情還沒發生前，就已經衍生出許多不必要的煩惱。

好比那些成天喜歡宣揚世界末日到來的大師們，紛紛提出人類將會滅亡的理論，似乎唯恐天下不亂，不搞得人心惶惶，絕不罷休！要知道，那些天災人禍根本無法預料，如果你成天為那些未知擔憂，只會搞亂你的生活秩序，讓你的人生計畫都無法實現。

日本評論家德富蘇峰就曾說過：「人類大部分的煩惱，都是由『假如』兩個字產生。」那些假設性的想法，事後往往會證明跟事實不符，就像莫非定律中的「預料中的事永遠不會發生」一樣，過多的揣測只會讓人不安，攪亂了原本規律的生活。

有一天，公司正瀰漫著裁員的氣氛，老闆把A同事叫進辦公室，同事們無不人心惶惶。大家開始猜測，那位A同事應該在公司待不久了。

過了好一會，果然A同事從主管辦公室出來時，臉色不太好看，這時他的死對頭B同事立刻說起風涼話：「誰叫你之前那件案子不聽我的，現在災難臨頭了吧！」

A同事低著頭沒有回應，默默收拾起桌上的物品。這時，辦公室裡閒言閒語開始多了，和他同部門的幾位同事更是愁眉苦臉，擔心風暴隨即掃到自己頭上，一整天都無心工作。

沒想到，第二天卻看到A同事照常上班打卡，他的物品全挪到另一間主管辦公室裡，而原本嘲笑他的B同事反而不見了。

只見A同事氣定神閒，走到他的部門宣布說：「昨天經理稱讚了我們部門的效率跟業績，在公司精簡人事的過程裡，我們絲毫不受影響，而且，往後就由我帶領你們繼續為公司效力。」

這時大家才恍然大悟，原來公司趁著裁員順便人事大搬風。和A同部門的員工除了開心，也忍不住嚷嚷說：「害自己白白失眠了一個晚上。」

有時，事情並不如我們想像的那麼糟糕，又何必為還沒發生的事情乾著急呢？

這並不是說，我們不需要為將來設想，而是不要用那些假設性的想法，來宣判自己的未來，那只會打擊士氣而已。

只要問問自己盡力了沒？抱持著「盡人事、聽天命」的豁達心態，你就不會成日過得憂心忡忡，老是為那些「可能」或「根本」不會發生的問題乾著急。

未來還太遙遠，我們能夠掌握的是現在，要是連今天都過不好的話，又如何期望將來能有多好？

停止內心小劇場！把自己抽離「想太多」的情緒，才能讓每一天都更快樂一點。

生活是靠累積的，那些意外只會在少數時候發生，把心思寄託在這些白日夢裡，將會讓你一事無成，還不如把心思放在努力充實每一天，感覺會更加踏實與快樂。

09 了解自己的心之所欲

了解自己，才不會走往偏差的道路。

我們經常沉浮於追逐名利的過程中，而變得面目可憎，當我們回過頭來看看自己，是否發現失去了什麼？

在競爭的過程中，人是會在不知不覺中改變原則，而忘卻本來的自己。回顧我們學生時代，那時的物質或許不充裕，在那個時候，我們都會做些什麼？你會發現，那時候的我們可能比現在更容易得到滿足。也許只是跟朋友一塊夜遊、在宿舍裡聚會、參加社團就很開心了。

那時的我們，總是能在金錢之外，找到屬於自己的快樂。

那麼，為什麼等進入了社會，這樣的情形不見了，我們的口袋不是變得比較深了？再也不用為沒錢煩惱了，但是當年的快樂時光卻難以重現。這是

因為在社會的競爭下，我們變得處處要提防他人，保護自己遠比交心來得重要。

在凡事講求利害關係下，我們好像得到許多，然而失去的本質也越多。那些前來接近你的人們，在你眼中都變得不可信。所以現代人的空虛心靈也自然而然產生。

阿德勒的《被討厭的勇氣》一書中曾經提到：「讓資源權力最少卻是人數最多的民眾們在毫無任何信任的狀態下互爭互鬥。這關鍵，就在於信任；一旦缺乏信任，人際關係中很容易就只剩下緊張的競爭關係。」站在競爭的角度來思考人際關係，就會「把他人的幸福看做我的失敗」，進而將全世界都看做是敵人而非伙伴，當然更忘卻了當初站上競爭住舞台的目的——想要獲得更幸福的生活。

許多人喜歡回頭去找尋過去失落的年代，就是為了找回青春年華的那種真性情。

名利對於我們來說都非常重要。自古以來金榜題名是公認的人生三大快事之一，但不要讓名利使我們變得驕傲，甚至忘卻自己是個什麼樣的人，而忽略關愛你的親人、朋友，以自我為中心，如此一來，名利就成了與你真心相待的人逐漸遠離的魔考。

10 最可靠的是自己的肩膀

生活上的失敗來自本身的脆弱，學會在心底築起堅強的堡壘，才能讓你有足夠的能力面對外界的風雨。

大學時代，有一位女同學，在她溫柔可人的外表下，很難想像她來自一個不健全的家庭。正因為這份不安全感，她很早就交男朋友，而且把對方視為結婚的對象。

人算不如天算，她原本以為畢業後，就會和這個男友步上結婚禮堂，卻在驪歌響起時，連帶結束多年戀情。

這個打擊讓她整個人幾近崩潰，整天躲在家裡足不出戶。隔了幾個月，看到她瘦了一大圈，幾乎和紙片人一樣。雖然大家都知道是她的男友劈腿對不起她，但她卻覺得是自己犯下嚴重的錯誤，才會讓男友離開。

「如果我可以再忍讓一點，多對他溫柔一些，也不會失去他。」在一次好友聚會的時候，她哭訴著心中的痛。

「明明就是那個男人的錯，他偷吃為何還要原諒他？」另一位同學為她打抱不平。

「我想他不能接受我的原因，也可能是因為我的問題……」說著說著，她不知不覺透露一直隱瞞的家庭狀況。

原來這位女同學的弟弟從小就智能退化，雖然已經是高中的年齡，卻連吃飯、洗澡都無法自理，這一點讓她感到自卑。

她提到從國中開始，就因為弟弟的病，全家負債，而她被迫必須打工養家，母親受不了這樣的煎熬很早就過世，留下父親和她相依為命。

聽到她說出這一段身世，大家都默然了，沒有人再忍心責備她。

「我只想找一個肩膀依靠，為什麼這麼難？」她愈說愈傷心，不斷哭泣。然而，淚水終會流乾，這種內心沉重的負荷，對她而言永遠解脫不了。

當時我們還太年輕，不知道怎麼安慰她，但她的事卻讓我感觸良多；唯一能讓她從不幸中逃脫的，是讓自己變得更堅強獨立。

我們常聽人說「凡事靠自己」，這是老生常談，但真能做到的又有幾個？

當你真的面臨人生的瓶頸、陷入孤立無援時，要靠自己站起來談何容易？與其把希望寄託在別人身上，還不如把命運的控制權放在自己手中，還比較可靠。

愈是把希望寄託在別人身上，愈是難以找到安全的港灣，因為人的不確定因素太大了，人心會變、環境也會變，你很難確保自己遇上的人，是一輩子提攜相伴、相知相守的人。一旦希望落空，還會讓自己受到二次傷害，更嚴重打擊好不容易建立起的信心。

生活中遇到挫折在所難免，這時更應該學著往前看，而不是老沉溺於過去，才能從低潮的情緒中脫離。

我們既然無法改變過去，但未來可以創造，只要不放棄希望，幸福永遠都還會降臨。

有些事情，是我們必須擔負的責任，但千萬不要有委屈或不平衡的心態，這只會讓我們更埋怨環境，如果能把那些加諸身上的不幸，心甘情願去承受，任何問題都不再難倒你，要知道，逃避是無法解決問題的，最後能依賴的，只有你自己。

你所做的一切不是為了別人，而是你真心想如此，那麼你會覺得自己的犧牲反而是一種快樂，不僅能帶給別人幸福，也同時能滋潤你的生命。一切，不過轉念而已。

有個外國朋友對我說過令人印象深刻的話，她提到：「如果你到很遠的地方去旅行，是帶著逃避問題的心態，那麼無論你身在何處，都不會感到快樂。」

如果我們渴望一段美好的戀情，就必須調整自己，保持在最佳狀態，才能吸引好的姻緣；如果你想要投資，也得準備好資金；想開創事業，並不是因為討厭當小職員，而是你真的願意去實踐理想。

任何失去基礎的生活都是搖搖欲墜，隨時可能功虧一簣，先學會解決自己的問題，才有幸福可言。

11

創造生命的奇蹟

只要不放棄希望，你就能創造出他人眼中的奇蹟。

有一個人去爬山，不小心摔到山谷裡，他不斷大叫，等了很久都沒有人經過，他開始陷入恐慌、不安，不斷向上天祈禱，渴望能有奇蹟出現。

長夜漫漫，加上飢餓的侵襲，他開始陷入昏迷狀態，並認為毫無希望。等了二天，他正在昏睡的時候，忽然一聲震天的吼叫嚇醒他！原來在不遠處出現一頭老虎，銳利的眼神正盯著他。

這個人嚇壞了，就在老虎要衝出來時，這個人不知哪來的力氣，趕緊抓住山崖邊的藤蔓，拚命往上爬。好不容易擺脫老虎之後，一看，發現自己已經來到半山腰的路上。

真正救了那個人的不是奇蹟，而是他自己。受到強烈求生意志的驅使，

使他激勵出潛在能力，讓自己脫離險境。

法國作家普魯斯特（Marcel Proust）說：「真正發掘事物的旅行，不在於觀賞新風景，而在於擁有新眼光。」那些被認為是神蹟的事，其實隱藏了不為人知的努力。

如果沒有那股強大的力量驅策我們，就難以展現未知的潛能，完成令人驚豔的成績。運動場上的競賽、與病魔對抗的人們，都是靠著這種信念而創造別人眼中的奇蹟。

人生，是一場永無終止的競爭，有挑戰自我的激烈戰爭；有集團內部看不見的角力競爭；還有為了存活的競爭等，我們幾乎一刻也不得從競爭場上逃脫，否則就會被冠上「失敗者」的稱號。

人生本來就是一連串學習的過程，那些我們認為做不到的事情，最大的困難來自我們先入為主的觀念，覺得自己不夠優秀，覺得自己的目標，永遠都在遙不可及的地方。其實，只要有足夠的堅持和信念，再平凡的人，也可以成就不凡，成功會在伸手可及的地方。因為上天會眷顧的，是那些願意奮鬥，並努力不懈，而不是好吃懶做、守株待兔的人。

與其等待別人的救援，還不如主動出擊，如此你才會發現事情並不如想像中的困難。

《灌籃高手》故事中，安西教練曾說：「一旦放棄，比賽就真的結束了。」所謂比賽結束，並不是指裁判吹出哨音時，而在於決定放棄的那一刻。

沒有任何事情會比中途放棄更浪費生命，想想看，好不容易擬定的計畫，卻因為一時的阻礙，而改變了方向，所有的努力不是全付諸流水？而當你改走其他比較容易的路，並不會使你更順遂，反而容易遭致更坎坷的命運；因為你無法從失敗的經驗中學習，下一次又遇到問題時，又會開始心猿意馬，如此將難以完成任何目標。

不要以為放棄只是一時的，當你開始產生拖延的心態，想說過陣子再繼續，等回頭時，卻已是物是人非，你所要面臨的又是另一番新的局面，一切又得重新開始。

即使是困難的事，只要不斷試著接納、克服，便會在我們內心化為自覺，正確認清問題所在，便可望走向人生的成功。

所謂人生，並非一次就結束的安打遊戲，真正的成功者多來自困苦的身世，因為他們吃過苦，清楚生存不是那麼容易的事，碰到困難，也懂得堅強面對。如果你能轉念，認為再糟糕也不過如此，並積極面對問題，便能夠從生命的谷底再度爬起。

你必須記住：沒有人可以一輩子平順，真正的贏家都是能從容面對打擊，把挫折當成挑戰，來克服心中的恐懼。

你需要在失敗中學習成長，而不是要求別人應該如何對待你。如果你認為過去曾經對誰好過，他就應該在你低潮時伸出援手，這樣的想法就未免太過天真。並不是每個人都像你想像中的一樣，你所付出的必然得到回報，太多這樣的期待只會讓你感到更沮喪而已。

先放下對他人的奢望，回頭看看還能替自己做些什麼，就能從失敗中得到教訓，重新面對人生。

不要讓任何事破壞了你當初的堅持，想想滿懷的理想跟憧憬，難道就這麼簡單的放棄了嗎？愈接近成功，就是愈困難的階段。大多數人只差那一步，想贏過別人，就只要「再多堅持一會兒」。

在行動之前有最壞的打算，這並不是悲觀，而是要讓自己有所警惕，做出最周詳的計畫。接下來，只要抱持著正確的態度去迎戰，就可毫無顧忌勇往直前，完成令人讚嘆的成績。

CHAPTER 02

用實際行動探索無限人生

01

卸下受害者的包袱

眼光要放遠，先蓄積實力，才有能力幫助更多人。

人都有同情心，當我們看到那些比自己不幸，或是比我們脆弱的人，便會希望能為他們盡一份心力，給自己帶來助人的喜悅。

沒錯，具有善心是很好的品德，無奈現今的社會，卻不是所有的善良都能得到回報。我們不時可以看到媒體上因為好心受騙、或是被誣陷的例子，當然不能因為如此，我們就不去幫助他人，而是在你出手相救時，也應該要惦惦自己的斤兩。

如果你有能力助人，即使事後發現真相並不如你所想像的美好，也不致於太去計較得失，只要記住當初你的出發點是對的，就沒什麼好遺憾的。

但是有一種情況，卻很可能讓你痛心，那就是你的付出超出能力所及，你因為同情心而蒙受巨大損失，而影響原本的生活，甚至丟了工作、負債等，當你發現這一切的犧牲是毫無價值時，那是多大的打擊？

通常會出現這種狀況，一種是自己過於心軟，抵抗不了對方的苦苦哀求；一種是高估了自己的能力。

同情心被利用已經是很傷感的事，如果還因此影響到正常的工作和生活，恐怕連自己都無法原諒自己。當我們高估了自己能力，對別人施以援手，最後可能讓自己淪落成最需要被拯救的人。

保護自己不是一種冷血，而是善良的你必須學習的課程。每個人都希望當個好人，不過，也要做一個懂得保護自己的好人。

正因為良好的品格如此難得，假使不好好地運用，又如何在將來幫助更多人？

我有個朋友，天生就是個軟心腸的人，她因為資金有限，都選擇到落後國家旅遊。但是經常回國後，會發現她連最後一點存款也花完了。

為了幫忙朋友，有一次她甚至連機場稅都繳不出來，讓我們這些朋友為她的行徑捏一把冷汗。不過，她始終無法從中記取教訓，或許先前的金額都不算大，她很快就能彌補回來，不過，最後終於踢到大鐵板。為了幫助新交往的男友，她為他付出一大筆的遊學費用，她開始向銀行貸款。許多人都勸她不要冒這種風險，但她卻覺得能幫助別人上進，尤其又是最親密的愛人，這一切是值得的。

「就把這當成一項投資吧！」當時她樂觀表示。

但是這項投資卻像丟到水裡一樣，這個男友錢到手之後，就人間蒸發了。

發現自己受騙之後，她痛苦不堪，甚至丟了工作，還得了憂鬱症，整個人瘦得不成人形。直到現在，她依然承受巨大的債務壓力，常痛心說：「為什麼好人沒好報？」

「為什麼好心沒好報？」這句話是無解的，如果你尋求宗教的解釋，另一套說詞：「那是上輩子欠他的。」

不過，放下那些無形的因果問題，最迫切需要的，其實不是那些心理安慰，而是學會面對現實。問題不在於你的善心是否該得到回報？而是，你是否「濫用」了你的同情心，幫了不對的人，還讓自己陷入困境？

仁慈和悲憫之心，是讓生命更有意義的條件，這兩者能夠讓快樂幸福泉湧不斷，但每個人都應該學會控制自己的行為，無論是好是壞，都應該嚴定底線。

因為幫忙別人，從該買進口轎車換成國產車，這是可以忍受的範圍；犧牲吃大餐的享受，讓別人也能填飽肚子，這也是一種美德。

但是，把自己搞得悽慘，甚至比對方還要慘，連自己的生活都不顧的話，那就非常的不智。如此犧牲的結果，影響的不只是你一人，還可能拖累你的家人、親友，這就失去助人的好意。

所有的犧牲應該是為了幫別人得到跟你一樣好的生活，而不是毀了自己。

要謹記：唯有堅強的人，才有能力助人，如果你不好好保護自己，又如何在未來幫助更需要幫助的人？

收拾你過度氾濫的善良吧！唯有先顧好自己，才是對社會及生命，甚至對他人最好的幫助。

02 好奇心是學習的動力

永遠不要停止學習，生活自然充實而美好。

蘇霍姆林斯基說過：「孩子提出的問題越多，那麼他在童年早期認識周圍的東西也就愈多，在學校中越聰明，眼睛愈明，記憶力愈敏銳。要培養自己孩子的智力，那你就得教給他思考。」好奇心是學習的動力，也是豐富生命的因子，成年人的世界裡，往往遺忘了這項優點，而讓生活枯燥乏味。

試想看看，如果有天你沒錢了，無法再出門血拚、也失去跟朋友聚餐的機會，你是否能在沒有外在誘因下，重新拾起童年單純的快樂？

每個人都有一顆好奇心，只是我們的好奇心往往被運用到錯誤的地方，像是窺探別人家的隱私，看那些媒體苦心挖掘名人私生活，大幅報導的版面就知道了，觀眾愛看，這也是風氣使然。

好奇心可以造就一名科學家、生物學者、心理學家等等，或許我們並不需要如此專業，但從小小事物引發的好奇，卻能讓我們生活產生進步。如果說好奇心也可以省錢，這樣，你有沒有興趣呢？

提到如何運用你的好奇心來達到省錢的目標？

一是，你不再會因為無聊而拚命召集朋友聚餐、逛街而亂花錢，也不會因為貪圖一時虛榮，而浪費了辛苦賺來的錢。

二是，你可以透過好奇心發現自己真正精神寄託所在，讓自己生活變得更有意義，不再依賴金錢買來的快樂。就光憑以上兩點，足夠激發你找尋好奇的方向了。

好奇心可以促使你去征服一座高山，不必光在山腳下幻想那幅美麗的畫面。也可能讓你養一盆植物，充實你的精神，也在生活上多了些點綴。

要讓好奇心成為你生活的點綴，甚至改變你的人生，首要的是；一開始，別訂定太苛刻的目標。

你的好奇心可以延伸在生活各個層面，別替自己設限，非要達到某種成就不停止，否則，你又淪為工作的奴才一般。

其實，處處都有待我們解決的問題，時時都能因為想了解而發揮好奇心，像是關心家裡的寵物、家具的清理、從一本書得到啟示……事事都可以是新鮮，都可以讓你發揮創意跟研究精神。如果我們每天都能懷著無比的好奇心去看這個世界，生活絕對不會無聊，即使是枯燥的家事、工作，你都能從中找到屬於你的樂趣。

然而，好奇心要用在對的方向，老是想著探人隱私，最後只會替自己惹上麻煩，這無法改善你的生活，反倒是增添自己跟別人的困擾。因此，妥善運用你的好奇，這才能真正豐富你的生命，擴張你的眼界。

03

藝術，是無價的享受

藝術的價值，遠高於你所能付出的。

我一位很有才華的朋友，老天爺似乎特別厚愛他，幾乎只要他聽過的歌，立刻能朗朗上口；而且，他也打得一手好鼓。這麼傑出的音樂人才，卻從未上過任何一堂音樂課，讓人嫉妒又羨慕，怎麼有人就是具有如此高度的音樂天分呢？

不過，更令人印象深刻的是；他從未覺得自己的長處有什麼好誇耀的？他也從未把這些才華，當成他獲利的工具。

他會在一些PUB兼職表演，對於那些驚嘆的歡呼，早就習以為常。他不在乎那些吹捧的語言，也不太理會在他眼前畫大餅的客人。

有一次，在一家幾乎快倒閉的PUB裡，我遇到了他，我很訝異詢問他怎

麼會來這地方？他回答得很輕鬆：「我不在乎有沒有人來聽歌，沒有客人，我反而唱得自由自在。」

許多傑出的藝術工作者生活刻苦，卻用他們的才華，替這個世界增添無數的美麗。那些悅耳的音樂、動人的詩篇、感人的畫面，讓我們不必花大錢就可以享受到。

這些藝術讓我們的精神，獲得極大的滿足，讓我們的靈魂在一種豐盈的狀態，讓我們的人生，提升到另外一種境界。

讓自己變得不同，需要花大筆金錢嗎？不，只要懂得藝術的美好，就能享有最頂級的享受。

我曾在網路上看到一則關於齊白石的有趣小故事，故事是這麼說的：

老北京的胡同裡，一位賣白菜的小販正在叫賣。應聲而出的是現代著名藝術大師齊白石。白石老人走上近前，向菜販問道：「用我畫的一幅白菜換你一顆白菜吃可否？」小販聽後擺擺手，挑起白菜轉身就走，邊走邊嘀咕「瘋老頭，用個畫的白菜想換我的真白菜……」

試想，如果這位賣菜的小販知道齊老先生書畫作品拍賣的價格的話，恐怕一車白菜換一張他也願意吧。

藝術它不艱深，它是我們藉著日常的事物與這個世界的對話，與其他的人的溝通而已。

如果你不滿足於只當個旁觀者，也可以加入藝術這門行列，享受創作的樂趣。不必擔心自己的才華不足，因為本來就不是人人能成為專業的藝術家，但是從創作中得到的樂趣，卻是無價的。生活處處是藝術，只待你去挖掘了。

04 不要斤斤計較

老是愛計較的人，不僅內心難以寧靜，也惹人討厭。

現在這個社會，處處充滿著火藥味，只要一不小心得罪某人，就會引起糾紛。

像是別人多說了兩句話，或是開車時被叭了一下，就馬上引爆肢體衝突，甚至砍砍殺殺，光看電視上的立委開議會時的嘴臉，就已經為社會帶來不良示範了。

像是人在異地，吃悶虧的事情時有所聞，日本政府甚至還對國人在外旅行時貼心的提醒：旅行途中如果吃了虧，最好還是隱忍下來，以免滋生事端。實在是人在異地，不同的文化、孤立等等因素，永遠不知道會有什麼狀況發生？若因斤斤計較而小題大作，反而容易衍生出更大的問題。其實，因為一些不愉快的細節而大動肝火，反而更暴露出自己的弱點，讓有心者有機可趁。

只要「報復」這個念頭浮現腦海，就難以讓我們的生活平靜下來。如果我們的心思，成天在這上頭打轉，對我們的生活，反而造成無形的殺傷力。逞一時之快的後果，往往讓我們失去得更多。

那麼，你可能要問；「我要如何從這樣的委屈中得到平反呢？」

最好的方式，就是「置之不理」。有些事情你沒有事先預防，而它已經發生了，並不能全怪對方，也該檢討自己是不是有錯？況且你越是被惹毛，可能正中對方的圈套。對於那些不愉快的小事，就別放在心上，影響你一整天的好心情。反而越是不露出被影響的樣子，還會叫對方失望！

計較的結果，就算勝利，失去的反而會更多，如此即使勝利，也是得不償失。

世界是寬闊的，別活得那麼小心翼翼，斤斤計較。

如果一點點挫折就讓你爬不起來，如果一兩句壞話、就讓你不能釋懷，如果動不動就討厭人，憎恨人，那格局就太小了。生活的重心，應該放在你怎麼過生活？而不是處處計較別人對你做了什麼事？抱持著平常心，自然就不會輕易被影響，而能對生活許多不愉快淡然處之了。

05

用抱怨的力氣做改變

與其埋怨自己運氣不好，不如把它當成一種考驗。

我們對於幸運跟厄運的反應，往往是兩種極端。當好運來臨時，我們沾沾自喜，很少會感恩；而一旦遇到倒楣的事情，才會開始想到老天爺，甚至忍不住抱怨：「為什麼這事要發生在我身上，為什麼不是別人？」

世間有一個平衡的道理，就是當老天爺在這方面多給了你一些，一定會在另一方面拿走一些，得與失是相互並存的，沒有人注定一輩子好運連連，就算那些富有的人，也會有他們的煩惱，甚至比平常人還要多，只是你不一定看得到。

那些成功者在達到目標之前，歷經的失敗也要比平常人還來得多，但是這些人卻很少抱怨，特別是在他們還沒有成功之前，因為他們知道抱怨沒有用，不如把抱怨的時間跟力氣，去求取進步吧！

這也是平庸跟不凡之間的差別；如果你不想讓那些倒楣運，成為你成功的絆腳石，就必須學習平心靜氣的面對，學習接納而不是排斥。

有一對兄弟繼承父親的布莊，但卻遇到村裡難得一見的乾旱，許多年輕人紛紛轉往大城市謀生活。弟弟眼見生意日漸蕭條，也決定到都市去尋找機會。但是他的大哥卻勸他說：「我們在這裡有固定的老客戶，生活上還勉強可以過得去，何必去冒這麼大的風險呢？我們對外頭的世界不熟悉，萬一受騙上當，那豈不是損失更大？」

弟弟卻回答說：「現在看起來我們勉強還能過日子，但是再繼續這樣下去，恐怕我們的布莊就得關門大吉了。」

在弟弟的堅持下，他獨自上路了。當他才來到第一個村子，卻不幸遇上了洪水，把身上帶的所有布匹全都浸濕了。

剛開始，他有些沮喪，但是卻安慰自己，幸好在洪水來臨之前，他能即時逃開，懷裡還緊緊抱著布匹沒讓洪水沖走。

他來到山上安全的地方，全身又濕又冷，身上的乾糧也快吃光了，一直餓了兩天，才看到天氣慢慢地好轉。這時，他連忙將那些布掛在樹上、鋪在草叢間曬乾。

此刻，一輛馬車打從這經過停了下來，車伕緊張地跑過來問他：「小兄弟，你可知道哪條路是通往哪裡的？」

布莊的這位小老闆靠著之前的經驗，很快就指出正確的方向。就在馬車離去不久後，又掉頭回來，從馬車裡走出了一個衣著光鮮的紳士，望著滿地的布匹，來回看了一下，接著對這位弟弟說：「小兄弟，這是你的東西嗎？」

「是啊，我本來想到城裡推銷我們家的布，沒想到卻遇到洪水。」這位弟弟笑著說，一點也沒有怨氣。

「這些花布樣式真是新穎，不如你把它賣給我吧！我有好幾間批發店，以後你有貨就拿來給我瞧瞧。」弟弟剛開始還以為聽錯了，在對方拿出銀子，他才回過神來，不斷點頭道謝。

這時，聽到那位紳士笑笑的揮揮手說：「你不用客氣了，要不是你剛好把布匹曬在這裡，我又正好經過，還真的不會看到這些好貨！」

有了那位商人的幫助，這位弟弟後來跟哥哥搬到大城市中，布莊生意蒸蒸日上，還開了好幾家分店。

在你遇到不幸的意外時，別讓那些沮喪停留太久，試著想想：可能好運還沒輪到你，與其先享受，還不如留點期待。那些看起來困難重重的問題，只要突破，就像倒吃甘蔗，會愈來愈甜美。

上帝對每個人都是公平的，祂會平均的給每個人，一生中都有幾次的機會，那麼你會希望機會在你措手不及的時候到來，還是在準備好之後才降臨？

別去埋怨那些發生在你身上的倒楣事，更別認為是誰虧欠了我們，不如先從反省自己著手，找出扭轉情勢的方法。

如果任憑消沉的情緒困擾我們愈久，只會愈難從谷底走出來，久而久之，甚至會讓不幸接踵而來。就像一個患了重病的人，愈是不願意治療，就只能等著讓病情加重，最後無藥可救。

唯有積極面對，下不放棄希望，才有可能將危機化為轉機，如此迎接你的不再是厄運連連，而是嶄新的局面。

06

想要求公平，不如先反省自己

對那些不合理的對待淡然處之，先學會愛自己，你才能找到真正屬於你的天地。

我們對於加諸在身上的不合理事情，第一個反應就是抗議，如果依然無法得到公平的對待，心裡便產生怨尤，怪他人、怪社會，並為此感到憤恨不平，而讓自己的生活猶如深陷地獄般，痛苦不堪。

這世界本來就是這樣，太多的公理正義難以伸張，不是光憑一個人的力量就可以改變的，這裡可能牽涉了文化、經濟跟政治層面。當你沒有足夠的影響力去和整個環境對抗時，只會讓你深陷矛盾的掙扎中。

拋開不同國家的背景，光是不同的工作環境、社區，都存在不同的規範；大部分的人覺得合理的事情，換到另一個環境，卻不被認可。

以複雜的演藝圈來說，同時期有兩個歌手出片，其中一位天生好歌喉，另外一名則是靠花俏的外表和能言善道，幾年後，卻發現那個具有才華的歌手消失在這行，反倒是才能平庸，卻懂得交際的那位大紅大紫。你說這樣的事情公平嗎？但是真要用手指頭數，類似的事件數也數不完。

當我們以世俗的角度僅就一面了解時，會認為這是不是太不公平了？甚至讓你懷疑這世界出了什麼問題？但是有人卻能以另外一種角度去解釋，也許那名才華洋溢的歌手不懂得交際的手腕吧！

我認識一些SOHO族，他們非常愛拜拜，簡直到著迷的程度，他們告訴我，每當他們要簽約或是接洽新案子時，一定會前往廟宇祈求神明。「為什麼不把心思好好放在工作本身呢？」我不禁好奇要問。

我得到的答案是：「別傻了，現在工作啊！搶到了就是你的，誰還管你這麼多。」

當然他們言之鑿鑿，他們的「神」可以保佑他們拿到的酬勞，還比一般人高出許多。如果你是一個有實力的人，卻發現自己爭不過這些人，是不是會為此而氣結？

當你聽多了這些利用旁門左道而勝利的例子，是不是會感到非常沮喪？讓你開始對世界產生失望，動搖了原本的信念。

那些「好人有好報、壞人有壞報」的千古明訓，難道只是「柏拉圖」式的想法？

不如換個念頭吧！接納這世上形形色色的現象，以豁達的態度去面對。與其爭得滿頭包，卻換來一肚子悶氣，還不如回頭想想，你能在這樣的狀況下做些什麼？如果你遭受不平的待遇，除了反擊之外，有沒有更好的方式扭轉情勢？

當你感到被欺凌的時候，你需要學會的是——保護自己，你不需要對你的敵人仁慈，但也不用因此否定自己。你應該慶幸自己沒有同流合污，還保持單純善良的心。

懂得對自己好一點，你就不會任由別人欺負你，而讓那些攻擊你的人計謀得逞。你的對手最希望看到的就是你崩潰、跳腳的樣子，如果你能讓自己活得自在快樂，要跳腳的恐怕是對方。

你愈是不在意，那些傷害就無法靠近，因為你懂得疼惜自己，更不會讓別人有機可乘。

當你懂得愛自己，你就不會因此感到委屈，也不會扭曲你的是非價值觀，當你愛惜自己，自然就會尋求一個也能包容你的環境，你會得到更多的尊重以及珍惜。那些因為別人惡劣抨擊，而否定自己的人，不管再有才能，最後也會淪落到被人漠視的地步。

學會愛自己並不是自大或驕傲的表現，而是一種自信，你認為自己值得擁有更好的生活。你會讓人重視你這個人，而不是逞了那些惡徒的意。

一個人不會永遠都陷於低潮，也不會永遠沒有機會，雖然暫時受到壓抑，也不要因此感到挫折傷心，風水輪流轉，總有揚眉吐氣的一天。

07

用實際行動，探索無限人生

沒有人真的能約束得了你，除非你心甘情願。

如果你發現自己所處的，並不是你所喜歡的環境，你的周圍充斥著跟你完全不同觀念的人，必定讓你快樂不起來。這時候，你只有兩種選擇：改變自己，或是換個環境。

大部分時候，我們寧可委屈自己，以為那是比較安全的作法，卻不知因此而失去更美好的天空。

有隻被關在公寓裡的鳥，受不了城市裡的烏煙瘴氣，每天唧唧啾啾，不斷地抱怨。可是聽在主人耳中，卻以為牠是在歌唱。「啊！難得在都市中還能聽到鳥叫聲。」主人非但不能體會牠的痛苦，每次在牠聒噪時，還送進一些食物和水來討好。

某天，主人忽然搬來一個新的魚缸，鳥兒也因此多了個新鄰居，牠是一尾黑色的金魚。小鳥觀察了牠好幾天，發現牠成天都快活得繞著小小的魚缸打轉，過得非常悠哉。

「喂，小金魚，你幹嘛這麼高興？」有一天小鳥忍不住問牠。

「我沒有不快樂的理由啊！」小金魚說。

「你不覺得被拘束在小小的魚缸裡，不能自由自在的游走，是一件很痛苦的事？」小鳥不能理解的問。

「你看我長得那麼奇怪，在池塘裡只會受到同伴的欺負，還得擔心大魚把我吃掉。在這裡，人類卻把我當寶，不愁沒有食物吃，我快樂得很呢！」

小鳥望著在水缸裡繞圈圈的金魚，卻始終無法體會牠口中的樂趣。

過了一段時間，有一次金魚浮上水面，對著牠說：「我知道你好像過得很不快樂，人類以為你在唱歌，可是你卻是在痛苦的抱怨。」

金魚的話似乎點醒了牠。於是，牠開始又嘰嘰喳喳叫了起來，就在主人過來打開籠子要幫牠添加食物時，牠立刻振翅飛走了。

知名歌手瑪丹娜曾經對媒體說過：「成功最棒的感覺，是可以跟一群非常優秀的人物為伍。」這是她對於站在事業顛峰的體驗，但更多的人是為了名利、權勢。

如果把成功的定義擴大，不僅僅是事業上的成果，也應該包括生活能夠「如你所願」。

每個人的天性不同，個性隨性自在的人，讓他置身在人人羨慕的豪門，就好像把一把刀架在他脖子上一樣，非常難受。但是對於窮怕的人，只有金錢才能夠給他安全感。就好比那條魚跟小鳥一樣，你無法要求牠們住在同一個屋簷下，而擁有相同的情緒。

我有一個從小在都市裡長大的朋友，一次和朋友到東部遊玩。看到整片美麗的山景和海洋，立刻衝動的買下當地靠山的一棟房子。回來後，她興奮得到處跟周遭親朋好友提到那個將來養老的「別墅」。

剛好，有一段時間她工作面臨空窗期，於是打算到那個夢想中的「世外桃源」住上一陣子，沒想到，不到一星期又看到她出現在台北。

「怎麼了？回來收拾東西嗎？」朋友問她。

「才不呢！我發誓不要再回去那個鬼地方了。」

「為什麼？」

「我發現那附近連一家醫院都沒有，晚上安靜得嚇人，萬一有小偷突然闖進來怎麼辦？而且，我住在這麼偏遠的地方，根本沒有朋友會來找我。」

於是那個完美的「養老屋」就在她四十歲之前草草被賣掉。

這位朋友習慣了都市生活，要叫她踩在沒有柏油鋪成的路面，是會令她驚慌失措的。

別讓惰性剝奪了你快樂的權利，也別怪自己天生沒好命，真正的幸福是靠自己去追求，而不是別人給予的。

08

多留點空間給自己

適時保留一些空間給自己，別因為害怕不同或怕被人冷落，而讓自己成為別人生命中的附屬品。

有一次，我被旅遊廣告中的超低價深深吸引，詢問之下，才發現想要享受那種優惠，前提必須是兩人同遊，對於喜歡一個人自由自在的我來說，這個優惠看得到吃不到，只好打消了這個念頭。

接下來，我再仔細觀察其他吸引人的促銷方案，幾乎都必須雙人同行。這讓我不禁感慨，從什麼時候開始，單身的空間如此被壓縮？

舉凡餐廳、觀光、住宿，似乎都向團體招手，一個人成了不受歡迎的對象，其實這也代表你能獨享的空間愈來愈少了。

這不禁讓我想到，多半時候我們都得配合他人，這不僅僅發生在工作和日常生活中，還延燒至休閒娛樂的時光。

當你每天醒來，就得開始為別人拚命，為老闆賺錢、為了養家餬口，甚至得為自己添購些什麼，才不落人後，好不容易下了班，又得配合情人，家人，為小孩做某些犧牲，真正屬於自己的空間和時間少之又少。仔細想想，你有多少時候是為自己而活？

從小到大，我們大多被要求犧牲奉獻，好像照著自己的想法走，就是一種罪惡，於是乎，我們很少在乎自己真正想要什麼？時間久了，我們也習慣聽不到自己的聲音，忘記自己渴求過什麼？

因此，我們會因為別人一個眼神而生氣，受到別人的讚賞而樂不可支，完全只憑外界的眼光來看待自己，最後的結果，讓你漸漸聽不見心裡的聲音，漠視了自我。

但別人對你的看法，不代表真正的你。你是否問過自己：有多久沒有把時間花在你的興趣上？又有多久沒有好好反省一下自己的人生，充實自己的生活？

一個朋友告訴我，她最喜歡的休閒活動是游泳，但是卻好幾年沒去了，即使和親友到海邊，也頂多踏踏浪花而已。

我問她：「到處都有游泳池啊！有這麼難嗎？」她的回答是：「沒辦法，因為我身邊的人不是喜歡唱KTV，就是去逛街，包括我的男朋友，沒有一個是會游泳的。」她的神情非常落寞。

最後，我們好不容易挪出時間出國，還刻意找了有泳池的飯店。許久不見的笑容，又重新出現在她臉上。從這個小小例子，我們可以知道，有多少人的樂趣是在配合他人之下被犧牲了。

經常有時間面對自己，可以整理出一些平日雜亂無章的念頭，很可能從中帶來絕佳的點子，進而改善目前的生活。

我出國時，最喜歡的事情就是寫日記，可以在餐廳、樹蔭下、人群中，大膽的寫、痛快地寫，因為沒有人看得懂中文，因此特別能感覺那種自由自在書寫的快樂，甚至偷寫著和我面對面的人的壞話，心裡有種狡猾的得意。

再觀察那些事業有成的企業家，沒有人是整天泡在人群中隨之起舞的。他們因為擅於面對孤單，因而能成大事。團體雖可以讓你有安全感，但同樣一群人處久了，卻可能讓你腦袋僵化，這時候你必須暫時離開，充電一下，才能調整好自己重新出發。

人，要活出真實的自我，才是愛自己的具體表現。自己若不維持在最佳狀態，又怎能去照顧他人呢？

09 你當誰是朋友？

好的朋友是需要主動去結交的，剛開始或許不容易，但後來卻能帶給你一切都值得的感覺。

在我們的一生中，朋友占了很重要的地位，尤其是青少年時期，幾乎把同儕當成生活重心，即使成年之後，對朋友的倚賴沒有這麼深，但是伙伴關係依然深深影響我們。

德國文學家席勒曾說：「使我毀滅的是朋友的激情，而不是敵人的怨恨。」可見交上壞朋友才是生活最大的隱憂。

即使知道選擇朋友的重要，但又為何我們會經常看不清楚周遭人的真面目，而掉入陷阱裡？那些詐欺、背叛、利用，讓我們痛徹心扉的經驗，全都是因為我們識人不清所致。

我的一位國中同學，一路念的是明星學校，從國立大學的理工科系畢業，前途大有可為。由於他是家中獨子，父母對這個兒子的心願無不全力支持，因此一畢業，他想和幾個朋友創立公司，父母不由分說也同意了，還貸款提供他所有的資金。

年紀輕輕就自組公司，羨煞一票畢業新鮮人，看著他開著名車，出入那些高級俱樂部，每次同學會屬他最風光。

沒想到幾年後，他沒再出席同學會，大家紛紛揣測，認為他可能是太忙了，就在他漸漸被大家所淡忘時，忽然在新聞報導上，看到他盜用公款被抓的消息，而那間公司還是國內知名的廠商。

所有老同學都嚇了一跳，沒有人知道為什麼他明明是一間公司的老闆，還會跑去盜用別家公司的公款。

後來輾轉從他大學時代的同學口中得知，原來他開的公司，早在一年前就已經倒閉，股東淘空了他的公司，還用這位同學的名義開了不少空頭支票，他因此背下鉅額債務，最後落得賤賣家產，全家人租著狹窄破舊的房子，但是那些債務依然陰魂不散的纏著他。

最後他只好靠著高學歷的招牌去找一份職業，無奈債主找上門來，情急之下，受到其他朋友的慫恿，挪用公款，最後落得悲慘的下場。

這像是悲劇的連鎖反應，原本大有可為的年輕人，因為交錯朋友而不斷犯下大錯，最後斷送了大好前程。

如果往源頭追溯的話，當初認識朋友的一點一滴，都曾出現過明顯的徵兆，提醒你對方是什麼樣的人，只是我們經常被情緒所蒙蔽，才會一廂情願，把對方視為心腹。

人一旦風光時，身旁就開始充滿形形色色的「友人」，同樣的，人一旦成為窮光蛋，還能擁有「朋友」，就算是「奢侈」了。

我這麼說，倒不是需要把每個朋友都看成如此功利，而是在你生活還算得意時，更需要謹慎挑選友人，以免造成禍害。

或許因為工作環境或是居處的關係，你被迫不得不和某些人往來，但是你可以學著把友誼用同心圓劃分：有些只是因為工作、利益相關的人，把他們放在友誼的最外圈，依照你喜歡朋友的程度慢慢往內圈靠近。如此，當你真正需要協助跟分享心事時，就不會找錯對象，成為被設計的對象。

要記得，朋友不是你的另一半，即使再知己的朋友，也無法代替你的人生，因此，交朋友除了交心，也要用智慧去判斷，自然能將中傷跟背叛的風險降到最低。

10 背起勇氣的行囊

勇敢的踏出第一步，將是改變命運的開端。

大部分的人對於自己的人生不滿意，或是陷入失敗時，通常會找其他理由，來說明自己為何落到這樣的下場？因為那比接納自己的實際人生更容易，也不會覺得心痛，但是這種態度對於我們所要創造的幸福人生，一點幫助也沒有。

有一個白髮斑斑的老人，來到神仙面前，哭求再給他幾年的生命。神仙問：「你要多活幾年幹什麼呢？」

這個老人回答說：「因為我活了一輩子，始終無法完成自己的心願，再給我一些機會吧！」

神仙答應了他，這個老人終於回到家鄉，鼓起勇氣，想向當初被他傷害

的朋友道歉、和他初戀的愛人訴說心意，沒想到這些人已經不在了。

他難過的在熟悉的街道徘徊，忽然看到道路上有個撿拾柴火的老人，他一眼就認出那是當他年少輕狂時，欺凌過的一位鄰居。他滿懷歉意，慢慢的朝對方靠近，對方站了起來，看了他一眼，就離開了。老人發現這個鄰居，其實早已經不認得他了。

當夜，老人在睡夢中，神仙又過來了：「你完成你的心願了嗎？」

「沒有，但是我可以離開了，我發現，就算我現在有勇氣，也來不及了，如果我在年輕的時候，就有現在這份勇氣的話，也不至於這般懊悔了。」

後來，神仙收回了他的壽命。

如果我們像那個老人，心中始終藏著怯懦，即使有再長的時間也不夠用，不敢有所作為的人，會一輩子都活在悔恨中。

西方哲人奧維德說：「有勇氣的人，必能獲得命運與愛情的眷顧。」在我們一生當中，總有些夢想，最後能達成的人少之又少。沒有人的心願是能夠輕易到手的，也正如此，才讓人如此渴望。

成功，需要些膽識，就像面對心儀的人，害怕萬一不被接納，所有美夢都將破滅。

因此，不少人在「最愛」面前退縮下來，寧可轉而求其次，但還是無法得到滿足，造成內心的煎熬。

我們畏懼失敗，將會導致自己毫無成功的機會。你是否想過，生活中發生過多少這樣的情況，那些你幾乎可以得到的職位、夢寐以求的愛情、增加財富的投資，都因為害怕投入，而讓原本可能美好的生活消失於無形。

其實會對我們造成困擾的，不在於我們擁有多少，而是無法大膽果決地改變現狀；因為缺乏勇氣，而讓我們無法朝理想邁進；因為恐懼，而令人失去了最好的機會。

我有一次，因為跟團旅行留下不愉快的經驗，這一點促使我下定決心，下一次旅行要一個人出去走走。

那次的自助旅行，反而滿足我對於旅行的喜樂，那些有趣的人和自由行走的樂趣成為我最美麗的記憶。

當我把這段旅程告訴朋友的時候，大部分人都是非常羨慕，甚至央求下一次帶著他們一道去。

有一次我答應了，但是等到計畫好出國，對方又有些推諉的理由。過了一段時間，聽到朋友說她也去了同樣的地方。

「是不是很棒？」我問。

「哪有像你講得這麼好，東西又貴、當地人又討厭，後來乾脆躲在飯店睡大頭覺。」

「喔？你都去些什麼地方？跟什麼人出去的？」

「我跟團啦！我是想說，這樣比較安全，吃住都有人安排好。」這時，我才恍然大悟，因為團體旅遊一定是到熱鬧的觀光區，那裡是不會有什麼新鮮事物，而且生意人也會把觀光客當凱子削，當然她無法感受到旅行的真正樂趣。

這種情況發生過好幾次，後來，我再也不提起要和任何人結伴出遊的計畫。因為我發現大多數的人寧可躲在人群後面，認為安排好的計畫最穩當，卻不知自己因此失去了許多難得的體驗。

人有時必須學會獨自上路，因為跟著人潮你永遠挖不到寶，勇於嘗試，往往才能有令人驚豔的發展。

當你能克服心中的恐懼，學會面對、征服它，便會發現另一片寬廣的天地。那是你以前從來沒有經驗過的，而且會在生命中留下值得回憶的足跡，讓你永遠不會後悔走過這一遭。

CHAPTER 03

生活苦不苦全在一念間

01 讓話隨風而逝

不值得重視的人，看看就好；不值得記住的話，聽過就忘吧！

早些年，吳念真導演曾經演出過一則廣告，廣告的目的是為了促銷喉糖，而為了彰顯人們的嘴巴有多忙，裡頭的演員忙著「噴口水」、忙著K歌，可以說是一刻也不得閒，令人不禁莞爾一笑。

這部廣告看似簡單，卻又刻劃出現今的社會現象，那就是講話的人多、真正做事的人少。

每個人都愛講話，愛表達意見，這些人為了出風頭，而不斷利用說話，引起其他人的注意，而認真做事的人卻沒幾個。反正開口講幾句話，不必多費什麼力氣，更不用承擔重責大任，今天講過的事，明天就會忘記，誰會認真去追究？就算想追究，也無從追究，因為裡頭說著似是而非的大道理。

其中多數人，習慣重複別人的話，將其他人的話變成自己的，或是說著不用負責的言語，而那些過多的口水戰，充其量只能療癒人心，沒有實際上的作用。

話，人人會說，然而，話講多了，沒必要的廢話就會開始出現，尤其在這個資訊爆炸的時代，資訊的取得可以說是十分方便，隨便上網一查，都可以找到許多資訊，然後開始輕易模仿、拷貝，要不然就是截東取西，最後也會成為自己的一番理論。

到最後，我們發現，聽的人太過認真，這是一個很大的致命傷。就像一個流連花叢，只會滿口甜言蜜語的花花公子，每個被他哄的女性個個都心花怒放、樂不可支，認為他所說的都是真的，為此深信不疑。直到吃了虧、上了當，才突然驚醒過來，這時，也來不及了。

那些講得天花亂墜的話，就像是包著糖衣的毒藥，你看不透華麗包裝底下，到底隱藏著什麼玄機？到最後，誰會替你負責這些苦果？只能自己吞下，還不能喊苦。這就是沒有預先看透的結果。

難道這些漫天的大「道理」，我們卻沒有力量可以去打擊，只能讓它肆無忌憚的蔓延嗎？最好的方式，就是問自己：你有沒有能力去分辨對方說的是真話，還是假話？

越輕易給的承諾越不可靠，反倒是那些考慮良多的反應，才是你該期待的。對那些輕易給承諾的人，我們應該「停、看、聽」，再運用自己的大腦，好好思考，如果你認真就輸了！只有先觀察一段時間，才能給你更好的答案。

千萬別以為自己撿到便宜，別太快相信三寸不爛之舌，否則，吃虧的只有自己。

02 金錢的魔咒

懂得為一些小事而開心的人，是天底下最快樂的人。

馬克吐溫說：「貧窮者希望得到一點東西，奢侈者希望得到很多東西；貪婪者則希望得到一切。」任何的思想家都不斷規勸世人，對於物質的追求應該適可而止，但這有可能嗎？

金錢，就像是一頂緊箍咒，被套上的人無法擺脫，當你得到了一點，還希望更多，有了更多，還要再多一些……欲望，開始無止盡的延伸。

這不禁讓我想到，有一回一位遠從鄉下來的親戚，帶著他的小孫女來到家中做客，小女孩天真可愛，討人喜歡，我注意到她從頭到尾一直看著一個被我擱置在角落的舊皮包。

我告訴她，那是我小時候的玩具，現在願意送給她。那個小女孩開心的模樣，我至今仍忘不了。

後來，我才知道，小女孩的父母因為經營生意失敗，欠下大筆債務，小女孩自小連個洋娃娃都沒擁有過。光看她因為我們拆開一包餅乾，邀請她吃的時候，那種快樂的表情，像是得到無限的滿足，就可以窺知她的家境。

反觀住在對面的那個大戶人家，常聽他們說，家裡的餅乾糖果放到發霉了也沒人要。相較之下，真有天壤之別。不禁讓我懷疑起那些有錢人的孩子，到底要怎樣才會獲得快樂呢？

那些我們習以為常的，卻可能是別人眼中難得可貴的東西。這是不是提醒了我們，太容易對舒適的日子感到麻痺，身在福中而不知福了呢？

如果我們能降低欲望，重新看待生活，是不是也能跟那小女孩一樣，覺得處處是驚喜，而不是老是在抱怨自己得到的不夠多。

快樂，從來不是金錢可以衡量，那些金錢所帶來的喜悅，很可能一下子就消失了；但真正的喜悅會一直記得，並讓身邊的人也感到開心。

讓我們回到最初的原點，單純的欲望，就能有單純的滿足，金錢遊戲讓人變得複雜，成為逃也逃不了的魔咒。

放下對金錢的執著，想想哪些是「需要」，哪些是「想要」，我們可以獲得金錢，但不要變成它的奴隸，或許就可以擺脫金錢的魔咒，讓生活變得簡單，而且充滿喜樂。

03 否定會摧毀一切

帶著否定的觀念，生活會越走越狹隘。

隨著時代進步，許多二級、三級城市已經開始蓬勃發展，特別是土地已經被炒翻天，房價和地價也越來越執高，照理說，居住在城市裡的那些居民，應該是坐享其成的一群，但有些人並非如此。

有一些守舊的人們，堅持他們的生活方式，用他們所認定的模式去看這個世界，根本感覺不到社會的轉變已超乎他們的想像。

傳統的生活有它的單純跟善良，像是道德、文化、生活習慣等等，保有優良文化是好事，但守舊最大的問題，卻存在於固執不通、冥頑不靈。

如果不肯面對新世界，而像井底之蛙一樣，以為井底就是全部，那可就不妙了！

有一次，我有個機會來到以前的老鄰居家，剛好鄰居太太也有空，便跟我多聊了一會。

她的房子座落在城市裡最中心的地帶，照理來說，隨著城市的繁華，他們一家子應該是最先受益的人，但她卻開始跟我抱怨，自己孩子有多難買個像樣的房子。

她先是訴苦家裡的地屬於公家的，根本無法拿到貸款，再來，就是孫子們逐漸長大，老家已經不夠住了，打算讓他們搬出去住。「可是外面的房價，我的小孩只負擔得起一間七坪多的房子，而且還要兩百萬！」我倒不是被那個價格嚇一跳，而是想說「七坪多」的小房子，怎麼能容納得下一個大人、兩個小孩呢？

我想了許多辦法提供給她，像是他的小孩都有穩定工作，可以去貸款，買個更舒適的空間，而不是就現有的現金一次付清，也告訴她各家的貸款利率。但她都一一否決，認定自己真的一無所有，外頭的東西一切都很貴，而自己擁有的卻毫無價值。

但，她可能忽略了；她認為「毫無價值」的，在外人眼中卻如金山、銀山般珍貴。

在她負面思維不斷轟炸之下，我發現她完全無法改變觀念，後來，因為跟她說不下去，我索性及早抽身。

離開後，我的心裡不斷想著；如果你家座落在黃金地段，你卻覺得自己一貧如洗，那就不是環境的問題，而是自己本身的問題。

有時生命就是你必須勇敢踏出一步，去看看別人怎麼做？再想想自己能做到什麼地步？而不是永遠守在一個地方，覺得這世界是危險的，闖蕩是不切實際的，用固有的觀點來看待生活的一切，自然沒辦法進步。

如果可以讓自己享有更好的生活，可以給家人帶來更幸福的環境，卻因為自己固執的看法，而讓自己一輩子爬不出來，永遠只會停滯在原點。那些帶著「否定」的人，最後只能撿人剩下的，或庸庸碌碌的瞎忙一生。

當我環顧鄰居家四周，那些塞滿的雜物，彷彿看到一個舊石器時代的人物，她不是被家裡的塑膠袋以及報紙淹沒，而是快被這個社會掩埋，這樣的人，只能在親友的偶爾往來中，得到些許的「小確幸」，卻無視於周遭搬來了更多富有的人們。

反思這樣的狀況，是否發生在你我身上？我們所擁有的，可能是別人眼中珍貴的資產或天分，但卻被自己視為敝帚，反而盲目的去羨慕或嫉妒別人，這不也是人生的障礙之一嗎？

其實，只需要打開心胸，接受不同觀點，不要只看到自己沒有的，不要否定一切，世界會變得很不一樣。

04 品味的堆砌

自娛娛人是生活最高境界。

前陣子，我有一位朋友興沖沖來找我說，她最近在學畫畫，一直不斷鼓吹我去看她的畫，聽得我興致勃勃，很想一窺這位朋友的作品。結果，一到她家看到成堆的畫版，馬上澆熄了我的一股熱忱。

那些畫作像擠了一大堆顏料在上頭，根本看不出來「藝術」的品味在哪？我那朋友還興致勃勃問：「你覺得怎樣？從這個角度，你看到了什麼？」當然了，礙於禮貌，我並沒有說出實情。

而在看畫的同時，只見這位友人不斷接著電話，忙碌得很，令人不禁懷疑，在她畫畫的時候，是否也是這種情形？

等到她的電話告一段落，終於有空回頭，並問我：「你覺得這幅畫可以賣多少？」

這讓我聯想到以前一位鄉下朋友，他是個非常有趣的人，才華洋溢。有時他連上個洗手間，我在門外，聽到他哼唱，都覺得像是從收音機裡播放出來的一樣。

有一回，我好奇問他：「你這麼會唱歌，是在那兒學的？」他隨口回說：「多聽幾遍就會了呀！」

「為什麼不去灌唱片、當歌星呢？」我鼓勵他。他回答：「那些事情太煩了，我寧可因為快樂而唱，而不是為了出唱片而唱。」

另一次，我無意間看到一位朋友的筆記本裡，盡是滿滿的塗鴉。我驚訝大叫：「這些是你畫的嗎？你可以改行去當個漫畫家了！」那位朋友笑笑回說：「那只是好玩的塗鴉，沒這麼偉大啦！」

在這些朋友的身上，隨時能看到驚喜的事物，雖然他們並不富有，也從沒想過把才華拿來當賺錢的工具，只要朋友為他附上一杯酒的帳單，就足以讓他們開心半天了。因此，他們的身邊也經常圍繞著樂意接近他們的朋友，這就是自在，因為快樂而去做某件事，而不是成為現實的奴役。

我想，圍繞在他們身旁的人們，一定都是真正喜歡他們的人，而不是想撈些好處的朋友。也因為這樣，他們讓朋友都感受到生命中的精采。

從這些朋友的身上，我發現一個人的品味，是由本身散發出來，而非金錢堆砌起來的；那些高雅的品味一旦養成，便不易失去。

05

幸福的必備條件

容易被感動的心，才是構成幸福的要件。

尼采曾說：「幸福所必要的東西，說起來簡單，不過是一個風笛吹出來的音色罷了！」在我們大談追求幸福的論調時，很容易就忘記其實最簡單的來源，才是造成幸福的主因。

當很多事情全都擠在一起時，是很難讓人感受到幸福。真正的幸福，不是來自於忙個不停、賺個不停，也許當下你會很有充實感，但當你停下來的時候，仍會感到滿足嗎？

你會發現，有時候幸福只是來自於一件很小的事情，也許是旁人不經意的一句話，也許是必須經過比較才能發現。人似乎在看到比自己更不幸，或是不如自己的人，才能有所體悟。

這並不是幸災樂禍，或是看不起他人，而是有時候，透過他人的不足，我們會發現很多時候我們忽略的，往往是別人求之不得的東西。

以前剛進入社會時，我做著最基層的員工，那時，跟一位同事約好了要到她家去玩。我沒料到她租的房子這麼遠，那時正值中午，烈陽高高在上，我騎車騎到火氣都快要爆發了。就在這時候，她大聲將我喊住：「等一等，我們停下來一下。」

於是我把車停下，看到她打開車座，翻出一個太陽眼鏡戴起來。「啊！戴上眼鏡後，覺得好涼爽呀！身上也像裝了冷氣。」我被她的話逗得笑了出來。

當下我想到，自己也有副太陽眼鏡在背包裡，於是學著她戴了起來。後來，不知道是因為同事的關係，還是自己的心理因素影響，那個豔陽也不感到如此燥熱了。

我發現天真的她，任何事情都能往美好的方面去想，而不是抱怨自己的不足；像是家住得太遠，她認為多了一段可以欣賞風景的路途；太陽太大，剛好可以把買來之後，一直用不上的太陽眼鏡戴上，這不是一種很正面的人生態度嗎？

只可惜，這樣的她並沒有維持多久，隨著她的職位攀升，收入增加，過幾年再碰到她，已經不是當年那麼天真的女孩。

可見幸福未必是跟財富地位劃上等號，你會發現，有時候你去喝杯昂貴的咖啡，還未必比得上廉價咖啡店。並不是因為它的口味不同，而是周圍的環境，還有那個氣氛所帶給你的滿足。

忙裡偷閒是一種幸福、懂得享受也是一種幸福，就看你有沒有準備迎接它的心情。

很可惜地，我們經常在追求成功的過程中，卻遺忘了這部分，以為功成名就就是幸福，以為住豪宅、開名車就是幸福。如此，即使你得到夢想中的一切，依舊不會覺得快樂。

幸福只是一份小小的感動，我們因為風、因為太陽、因為跟朋友在一起而感到幸福，其實，幸福無所不在。一個懂得品味人生、不時能停下來，感受生活的人，其實才是真正能擁有幸福的主人呀！

06

生命，其實很富有

負面的思想就像垃圾一樣，囤積只會把你的生活搞得發黃發臭。

我們經常會受到過去經驗的影響，而左右我們的思考模式，進而形成一種習慣。即使中途有所領悟，或結交了一些積極的朋友，往往在他們離去之後，又習慣回到原來的行為，這就是許多人無法跳脫命運的因素。

生活中的不安全感，可以讓人不斷往前衝，這種不安可以化為助力，為自己帶來更好的生活，但是也有人不這麼想。

我有一位阿姨，她有一個令人難以理解的毛病，就是很愛收集「垃圾」，像是寶特瓶、紙箱等，搞得家裡像是資源回收場。除了那些不值錢的資源回收物，她也撿了不少別人丟棄的家電，像是：不會動的鬧鐘、撥不出去的電話、還有缺了腳的椅子，也不加以修理，就任憑它擱置在那。

外人看不出這些，因為她都把這些回收物，藏在家中的角落，從來不會在陽台上、或是騎樓被人看見。苦的是那些同住在家裡的人，經常走著、走著，一不小心，就被那些奇奇怪怪撿來的東西絆倒。

當你問起她要那些垃圾幹嘛？她竟然肯定告訴你：「也許一段時間之後會變成古董。」可惜她卻沒有挑選「寶貝」的眼光。缺乏對價值的認知，永遠只能拿到垃圾。

探究原因，其實來自於她天生的悲觀心態作祟。從有記憶以來，經常聽到她埋怨自己的命苦、上天都不眷顧她，因為這負面的念頭，讓她凡事鑽牛角尖。即使現在衣食無慮，有兒子奉養了，依然改變不了她的愁容。

她經常說：「搞不好哪天我會跟附近的拾荒老人一樣，必須靠著撿垃圾過日子。」什麼都不比，老愛跟最悽慘的人比較，偏偏又不會因此而感到幸福，反倒是骨子裡拚命跟那些人看齊。

每當我受不了那些堆到快傾倒的寶特瓶時，總是忍不住問：「妳收集了那麼多，為什麼不拿去賣？」沒想到她的反應更絕，她會說：「是該時候拿出去送人了。」然後用這個來和附近收垃圾的流浪漢攀交情？而她不願意親自拿去換錢的原因，竟然是這太沒面子了！

她可以不斷收集垃圾，又礙於面子，讓她的所作所為根本沒有任何意義。就可以想像在她家裡，那些無用的東西永遠比有用的多。當你要找出一些可用的東西時，還得小心不要被那些垃圾壓倒。

這讓我不禁反思，是不是在我們的生活中，常常堆積一些東西，遠比我們經常要使用到的還多。想想這些額外的贅物，其實不也跟我們內心那種不安全感有很大的關係嗎？

不光只是外在的收藏，還有我們心裡的垃圾，是不是隨著光陰的流失，不是變少，而是更多，有時候甚至要壓垮我們的生活。我們不如捫心自問：到底從哪裡找到這些垃圾的？又為什麼要收集？這些垃圾累積多了，對我們的生活百害而無一益。

或許有時候，我們也像那個阿姨一樣，礙於面子，而不敢將那些垃圾親自拿去變賣、丟棄，到後來也讓自己的生活製造了許多麻煩。

其實，我們的人生也像屋子一樣，需要經常清理，當你累積有益的事物時，你的人生將更富有，但是，如果你搞不清楚那些是垃圾，或可以增值的物品時，代表你的價值觀是混淆的，最後必得被那些無用的垃圾淹沒。

把有限的空間留給美好的事情，不是更值得嗎？

07 強迫症

任何強迫的行為，都會把自己推向地獄的深淵。

我們都不喜歡別人以命令的口吻，要求我們做事，也討厭被施加壓力，不受到尊重、或是不被了解等等，但可能忘了，你是不是也經常將這些加諸在別人身上？

我遇到過兩種極端的例子：一種是被虐狂、一種則是喜歡裝老大。這兩種人的日子其實都不好過。無論是別人惡劣的對待，或是刻意擺出一副高高在上的姿態，同樣都是一種強迫性的行為，給別人跟自己帶來極大的壓力。

最近遇到一位很久沒聯絡的「老友」，可能是太久了，忘記當初是怎樣失聯了，總之，我們見到面後，又開始恢復聯絡。

有一天，我向她小小抱怨了一下最近同事的態度，這個老友卻突然冒出了一句：「我看是你有問題吧！你自己還不是……」當時我的心像被刺了一下，因為她的批評不是真實的反映問題，而是根本不了解，卻任意下斷語。後來，我終於想起，為何好幾年前會和這個人斷了聯繫？也是因為她這種自大的個性，讓自己逃之夭夭。原本以為過了這麼些年，她的個性已經改了，很可惜又一次讓我想趕快跟這樣的人隔離。

被一個不了解你的人，又不願意把話聽完的人批評，那種感覺自然不好受。當下，我掛了電話，不再想跟她有任何的聯繫。

隔了許久，某一天，她忽然打電話來，說她看了某部電影的情節，描寫深刻的友誼，令她感到十分羨慕。事實上，她很難會擁有，因為她的自大狂性格，總讓那些真誠的朋友都避而遠之。

這樣的人，過了好幾年依然沒有任何改變，他們會在生活面臨低潮時，才會積極的找朋友，卻又避免不了那種高高在上的自大心態，把真正的朋友都嚇跑了。

在你的生活當中，是否也遇到過這類型的人？以自我為中心，用自己認定的想法，而非客觀的分辨，企圖去左右別人，強迫別人成為他想像中的樣子，最後落得沒有人願意和她分享任何事情。

還有另一種被虐待狂，這樣的人不會主動去傷害別人，但卻沉溺於自我傷害中，這種情形在感情中最常見。

像是那些受到無數次家暴，卻始終維護著另一半的人，她們的口裡訴說著無奈，卻不知道自己的性格已經扭曲，錯把痛苦當「享受」，認為這才是愛的一種表現。

或許他們會把那些被虐的行為，認為是對方愛她們的表現，認為那是轟轟烈烈的愛情，所以在受盡折磨後，又為對方脫罪，但是卻忽略了對方的心態，這可能只是把對方當成出氣筒或是控制的對象。

試想，一個真心愛你的人，疼惜、呵護你都來不及了，怎捨得出手傷害，看著你流眼淚呢？

當然這些人會說，事後對方都會懊悔說他並沒有這個意思，甚至如何費盡心力去討好他們，祈求原諒。但這都不能抹滅他曾經傷害你的事實。在明眼人看來，這不過是想留住一個將來還可以繼續當成發洩情緒的對象而已。

無論喜歡強迫別人，或是被強迫，都會讓人活得很不快樂，生存在一個充滿壓力的狀態，對身心都會造成極大的傷害。

要跳脫這樣的惡性循環，就必須學習人與人之間平等相待的精神。當你對一個人好時，別人必然以相同的態度回報你，如果你想去欺壓別人，回報給你的，也將是個不愉快的經驗，即使你達到目的，得意也不會太久。

如果你懂得珍惜自己，就不會讓別人任意傷害你；而懂得尊重他人，就不需要透過欺壓對方，來得到敬佩，運用同理心才能發現生活良善的一面。真正的愛是要相互珍惜、學會設身處地了解別人。

別忘了，這世界上存在著一種法則，以規律的方式運行，那就是因果關係，也是一報還一報，你在別人身上強行奪走的，有一天也將會失去。

08
別再自尋煩惱

拒絕成長學習，是生活的致命傷。

在現實生活裡，有時候我們會掉入「自找麻煩」的陷阱中，隨便一舉例，就是一大把，最典型的就是，有些人在感情世界裡不斷受虐，有些人會自我傷害、罹患憂鬱症，或是尋求報復等。

在潛意識裡，我們會不經意透過那些激烈的舉動，渴望別人對我們關愛。不過這是在成長的過程中，對自我的控制能力還不足的時候，直接選擇的行為，而這種利用「痛苦」來證明自己是「活著」的行為，是有跡可尋的。

從小的嬰兒為了引起大人的注意而嚎啕大哭，還有青少年的叛逆，不也是透過一些負面的行動，渴望別人注意到他們的想法跟改變嗎？

小嬰兒哭得滿臉通紅、還有叛逆時期的衝動，回想起來，都不會是愉快的，當我們成年以後，應該學習到更多、更恰當的方式來達到目的，而不是使用過去不成熟的手段，那就顯得幼稚了。

在我們的心裡，有一部分不願意成長，或許是因為過去留下的深刻經驗，讓人情不自禁的掉入某些循環當中，卻把這當成「命定」般安慰自己。即使偶爾會感到後悔，但是當同樣的事情再發生，卻還是走同樣的老路。

就像那些老是遇到會暴力相向的伴侶，渴望的並不是改變自己挑選異性的眼光，而是希望對方終有一天會改變。這種不切實際的願望，是無法改變自己命運的，因為他們不願意從最簡單的方式著手，那就是——改變自己。

推測出問題的原因，都得怪自己不願意成長，那些讓你感到不舒服的經驗，其實都在發出警訊，提醒你該改變一下行為了！

然而，很多人都忽視那些生命中的提醒，或是採取逃避的態度，因而老是停滯在不愉快的階段。他們拒絕學習、拒絕成長、在痛苦的泥淖中哀哀叫，卻不肯把腳從那泥淖中伸出來。

每個人都希望幸福能降臨在自己身上，但是大部分人都覺得這是一個遙不可及的夢想。看別人似乎輕易到手，然而自己做起來卻是困難重重。那是因為你沒有真正把心思放在該如何改變自己的觀念，缺乏生活的智慧，因此，就算學問、知識再高也無法脫離不幸的命運。

有美國，有個科學家將老鼠囚禁在一個封閉的空間，然後在通道的某端裝上一個小小的電擊閘口。實驗中的老鼠在迷宮狀的空間裡橫衝直撞，一開始，不小心觸碰到電擊，讓牠嚇了一跳，趕忙跑開。

可是，過了一段時間後，卻發現那隻被隔離的老鼠，漸漸變成習慣性的去觸碰那個電流。是因為老鼠對於痛苦已經麻痺了嗎？後來，科學家的結論竟是；那隻離群的老鼠，變得不自覺去撞擊那個引發痛苦的開關，竟然是因為生活的太過平淡，想尋求刺激，而不自覺的做出這樣的動作。把這類反常的行為放在人類身上，不也經常出現類似的情形嗎？

當我們感到生活無一是處，於是為自己製造出痛苦和麻煩，利用對痛楚的感覺來證明存在。人們喜歡追求冒險刺激的生活，不也證實了這類理論？

當生活失去目標，我們往往會慌亂，然後製造一些麻煩，再去解決它，結果讓自己像是密室中的老鼠一樣，脫離不了在原地打轉的生活，反而惹出更多的痛苦。

當你發現自己不自覺會陷入胡思亂想，或是脫序的行為時，就該好好反省一下，究竟生活出了什麼問題？

把你的心思用在讓生命進步的方法上，避開那些不成熟的行為，走出封閉的世界，才能遠離麻煩，找到快樂的源頭。

09

適時的選擇遺忘

喚醒他人或是自己痛苦的回憶，都是一種殘忍的行為。

有人說，生活中最大的快樂不是狂喜，而是寧靜與祥和，這跟宗教所追求的目標是一致的。

正因為傷痛存在我們心中的印象，遠大於歡樂，因此很容易觸碰到這一塊地雷，讓人沉浸於不愉快的情緒中。

面對痛苦的過去，每個人的反應不同，有些人會選擇遺忘，假裝這些都不曾發生過；有些人則是不斷回想，始終無法脫離夢魘，無論逃避或退縮，對我們的生活，都將造成不良影響。

老是記得那些不愉快的事情，將讓我們無法積極樂觀的面對未來，你會不斷想起，要是當初怎麼樣怎麼樣，現在就不會發生這麼遺憾的事了。

老是想以前沒做到的事，卻不願面對事後該如何改善，只會讓我們的生命停滯不前。

那些痛楚既然已經形成，成為我們生命裡的記憶，也就代表「它」已經是一段過去式，不管你再如何追憶，也無法扭轉過去，唯一能做的，只有當下改變自己，不再重蹈覆轍。

有一陣子非常流行前世今生的催眠，但是很奇怪，每個受測試者都是淚流滿面、表情痛苦，搞得自己很悲慘似的。很少看到那些試驗者歡天喜地，開心的拍手大笑，難道每個人的前世都這麼苦嗎？難道人的一生當中，都沒有歡樂的記憶嗎？

每個受試驗者醒來都開始講述，自己前世跟今生同樣遭遇的痛苦經驗，等於把好不容易結痂的傷口又重新撕裂一般，再經歷一遍那些創痛。

真的有人因此而感到好過些？還是找個理由，在別人面前痛快的哭一回，以正大光明的理由，說「我前世也是如此」來安慰自己。

他們當時可能忘了，自己是花費多少力氣，才走出那傷感的過去，為何又任由陌生人殘酷的重新挖掘？

當人類還是兒童時期，因為不懂，而到處嘗試，但是只要受到一次嚴厲的教訓，他們會避免以後犯上同樣的錯誤。這在動物身上也是一樣的，如果你曾養過寵物，只要你不小心睡覺壓到牠一次，從此，牠就不敢躲在你的床上。

為什麼當我們成年後，比兒童和動物擁有更高的智慧跟成熟度時，卻反而頻頻走回頭路？

成年人或許有複雜的心思，但是腦袋卻不一定比兒童靈光，尤其是記憶這方面，因此，我們常常做著重複傷害自己的事情，而不自知。

如果你想避免讓同樣的事情不斷的折磨你，最好的方式就是轉移注意力，重新打開生活的另一扇大門。當有人試圖喚醒你那些不愉快的記憶時，最好告訴對方：「這曾經發生過，但詳細情形我已經忘了。」這是一種面對跟放下的心情，也是保護自己的一種方式。

盡量將那些痛苦的過往，沉澱在記憶的最底層，讓那些愉快的印象浮現，你會發現整個人的心境，就能變得煥然一新，並有更多的心思，去拓展新生活。

當你表現得像是一個快樂的人，就不會有人想要挖掘你痛苦的往事，如果你讓人認為你看起來像是個幸福的人，你就容易被幸福包圍。

試著轉移自己的焦點，讓生命充滿歡樂跟滿足，當你建立起百分之八十都是歡樂的記憶時，那些感傷自然就會被趕到角落，然後漸漸被遺忘。

10 尋找快樂的泉源

人和環境時時刻刻都能影響你對生活的態度。

通常「快樂」和「幸福」是劃上等號的，一個對他們的人生很滿意的人，必然可以從外表看出喜樂，而鬱悶的人則免不了愁容滿面。這跟有沒有金錢不是絕對關係，而是跟心態緊密相依。

有人會覺得生活在壓力這麼大的現代社會中，不知道從何快樂起來？每天醒來，就得為基本的生活與帳單奮鬥，一直到臨睡前，還得惦記著尚未處理完的工作和瑣事而煩悶至極。

文明愈進步，我們要求就愈高，當你的欲望提升，就無時無刻不受到驅使，像是你不想住在高樓大廈旁的破矮房，你會羨慕那些在你身旁呼嘯而過的名牌轎車，你不希望在參加同學會時被比了下去，讓我們為著維持基本的生活水平而忙碌奔波，每個人都希望受到崇拜與豔羨的目光，也因此讓人陷入害怕不如人的壓力中。

沒錯，成功是每個人都應該追求的目標，值得你花費一生的努力去獲得，但這過程中，摻雜著許多喜怒哀樂，並非全都是艱辛的過程。

有人在談笑之間，輕鬆談成一筆生意，有人費盡心力，卻搞得全盤皆輸，除了周全的準備，和所擅長的專業也有絕對關係。這就跟人的本性一樣，你發現在某些團體中你如魚得水，卻在某些場合裡，讓你侷促的想趕緊逃離現場。這是一種潛意識，直覺告訴你所適合的位置，假使漠視這類情緒，你可能選擇錯誤或是跟不對的人交往，而讓自己吃了大虧。

當然有許多成功人士會告訴你，在他們事業的起步時，如何困難重重，事後卻證明為何他們能衝破難關，而別人卻敗下陣來，除了足夠的自信跟堅持，也跟他們本身的特質有絕對的關係。

同樣一項工作，表面看起來是那麼的困難，有些人卻能做得興致勃勃，充滿樂趣。但是當把這些人放到其他簡單的工作上，他們反而手足無措。

西方學者說得好：「當我開始感到生活不順利時，必然是我選錯了道路。」有時最難的不是工作本身，而是你把自己放錯了位置。

如果你在做著非常有興趣的事情時，即使三天三夜不睡覺，也樂此不疲。但是，如果只是叫你去當個守門員，你可能天一黑就開始抱怨起來。那些看起來簡單而無聊的工作，有時不是一種「福音」，反倒是「折磨」呢！

因此，找尋那些能讓你挖掘到樂趣的工作，讓你可以輕鬆自在面對的伴侶和朋友，這才能讓你更貼近幸福。

當你跟一堆愛抱怨的人在一起，你很難避免不嘮叨一下，即使你不想成為那些人，但因為你置身其中，即使有貴人出現，也會因為你身邊的人，而對你產生其他的評價。

因此，和什麼樣的人交朋友，在什麼樣的環境中生活，對你未來的人生有絕對的影響。

如果你希望自己成為一個笑口常開的人，最好能與幽默、開心的人交朋友；如果希望自己能有份事業，就應該常跟老闆或主管們親近。如果你經常跟悲觀的人在一起，光是聽他們哭訴生活上的不幸，想要開心起來都不容易。

身在好的磁場，不管你遭遇任何不幸，也能因為那些好的觀念和聲音，
讓你很快的跳脫出來，反之亦然。

11 愛的故事

懂得愛的人才是最幸福的。

有一回，和朋友提到家中父母和子女的相處狀況，因為這個朋友是孤兒，所以當他回憶起「家」這個名詞，顯得特別感傷。他提到逝去的父親對他的關懷，即使那時經濟不富裕，但父親對他的要求，還是盡力辦到。他還記得每次他睡得太晚，父親總是走過來坐在床邊，摸著他的頭輕輕呼喚著他的名字，聽他說得讓人好生羨慕。

這不禁讓我想起，人生的確會有許多的不圓滿，有時我們最希望留住的，往往很難維持下去。

我有一位叔叔的家庭，可以說是最不幸；也是最幸運的家庭。叔叔有一堆的孩子，從小，五個堂兄妹就靠叔叔一份公務員的薪水，跟嬸嬸的持家，

平平安安的長大，他們的物質生活很拮据，但是一家人卻相親相愛，互相扶持。

記得小時候最愛到他們家過暑假，嬸嬸永遠有辦法用微薄的菜錢，弄上一桌豐盛的菜餚，而叔叔家的孩子，不管是便服還是睡衣，幾乎都是嬸嬸一針一線縫出來的。

雖然他們的物質並不充裕，但嬸嬸卻是我所認識最貼心的母親。她兼當孩子們的生活顧問兼心理輔導老師，只要有任何問題，去問嬸嬸就一定可以得到最棒的解答。因此，反倒讓我羨慕叔叔一家人，以及跟他們相處融洽的家庭氣氛。

雖然我那名身為孤兒的朋友，無法跟嬸嬸一家人一樣，享受一輩子的天倫之樂，但他畢竟也曾經擁有，也是很多人想求也求不到那一份的溫暖。至少，他也是在幸福中成長，那是上天送給他一份難得的禮物。

所有的父母應該都是愛孩子的，但許多事情分化了他們的精神與時間，誤以為可以用物質來取代他們的關愛，甚至開始互相抱怨時，不妨看看那些平常人家吧！

一個人身邊無論有沒有父母，只要心中充滿愛，他的人生，絕對比身邊有人作伴，卻得不到愛的人幸福。因為愛，才是帶領我們往人生方向前進，讓我們每一步都充滿希望的原因。

12 你和什麼人做比較？

幸與不幸在於我們的一念之間，唯有樂觀的人才是最大贏家。

有一群登山客，他們爬到半山腰時，忽然，山上起了大霧，由於霧實在太大了，他們亂了視線，影響了前進，於是他們打電話求救，有些人成功獲救，卻有兩名登山客失去蹤影。

原來這兩名登山客在視線不良時，不幸掉入山谷，幸好他們被山谷的樹枝擋住，靠著相互合作，找到了可以棲身的洞穴。

在度過了最危險的階段後，他們發現身上的背包掉了，身上空無一物，只能肩靠著肩，依偎在一起而取暖。

眼看一天過去了，還是沒有人發現他們，其中一個人忍不住哭泣起來。

「我的朋友，看來我們再也出不去了，為什麼我們就沒有其他人的好運呢？」他愈說愈傷心。

另一個登山客拍拍他的肩膀，安慰說：「你怎麼知道其他人比我們更好運？我們不是從死神的手掌裡逃脫出來？還能找到這樣的洞穴躲藏，不受到風雨、猛獸的侵襲，我們才是最幸運的人啊！」

「幸運？我們什麼都沒了，還不知道能在這撐多久，現在我又冷又餓，幾乎快絕望了。」那位同伴根本聽不下去。

但另一名登山客卻依然樂觀說：「你千萬不能這麼想，與其坐在這裡等待救援，不如我們出去求救吧！」

那名哭泣的登山客不願意接受他的意見，寧可繼續待在山洞裡自怨自艾。另外一位登山客只好獨自上路，在走了幾十公里後，他終於遇到搜尋的救難隊。當他帶著救難人員，回到當初躲藏的山洞時，卻發現同伴冰冷的遺體。

是什麼害死了那名登山客？可以看到的是，並不是外頭的毒蛇猛獸，更不是寒冷的風雨，或是沖刷下來的土石流，而是他的觀念。悲哀的念頭可以輕易扼殺一個人，內在的毀滅遠比外在的威脅來得更可怕。

無論是在生活或是工作上，我們的觀念都對未來產生重大的影響，小則把事情搞砸，大則決定成功失敗的命運。

老是以為自己比別人倒楣，比別人活得更坎坷，這樣的心態，只會讓負面的情緒不斷地累積，不僅造成壓力，還讓自己陷入愁雲慘霧中，這是一種要不得的態度。

人是群體的動物，難免會互相比較，但是，當我們在跟比自己優秀的人做比較，是為了讓自己有更向上的動力，但當生活陷入低潮時，透過和比自己更不幸的人比較，卻能帶給你鼓舞，達到安慰心靈的效果。

而這些比較，不是要讓你自怨自艾，讓你覺得自己不足，或是和那些不如自己的人一樣可憐，當你覺得自己很不幸時，何不想想，那些比你更悲慘的人，為什麼能夠堅持下來呢？

要知道，和不幸的人比較，是為了珍惜你目前所擁有的；為了更好的前景，你需要跟更有能力的人做比較，將對方的成就視為目標。

人生難免有比較，即使如此，每個人都應該先建立正面的態度，才能讓自己找對追求的目標，否則「人比人，氣死人」，恐怕在這不斷的比較之下，對你完全沒有好處，而且還容易造成危害。

就像半杯水的故事，有些人因為「還有」半杯水而樂觀開朗，有些人則認為「只有」半杯水而悲觀失望，成敗，往往取決於心態。

如果你能轉換念頭，認為自己比別人幸運許多，就能重新振奮起來，不被挫折所擊潰，以惜福、知福的心情，再度面對難關。唯有積極樂觀的態度，你的身心才會重新展現生命力。

任何人都不如你了解自己多，請堅定你的信念，拿成功者作為比較，並珍惜所有，相信幸福就在不遠處。

13 拒絕誘惑，安於當下

不執著表象，明辨是非、踏實生活，才是避開誘惑最好的途徑。

在我們的心裡，住著兩個靈魂；一個是天使、一個是惡魔，當天使的聲音戰勝了惡魔，你所做出的決定，就是朝光明正面的方向；但若不幸的讓惡魔的聲音征服了你，你就容易做出將來懊悔的事情。

天使的聲音代表正義、善良、勤奮等人性的優點，能讓你嚐到生命中最甜美的果實。然而，大部分的時候，我們都不會考慮這麼做，因為這有可能代表了吃力不討好。

一旦我們懈怠，惡魔的聲音就會悄悄的鑽進耳朵，用迷幻的聲音說著：「偶爾摸個魚，又不會被老闆發現。」「我不是挪用對方戶頭裡的錢，而是先借用罷了！」「這項投資可以讓我從千元存款，晉升到百萬富翁！」惡魔會先用甜美的誘餌誘惑你，讓你嚐到好處，等你踏入陷阱後，轉眼間已身陷地獄。

有一位傑出的友人，他的才華出眾，工作能力又強，但是卻有一個很大的弱點，就是耳根子軟、容易相信別人。

有一回他離職了，提到離開的原因，依舊讓他一提起就感到作痛。原來這個朋友在下一個月可能就要升遷了，卻因為一件事情的發生，讓他所有的美夢全部破碎。

原本他是很受上司重視的，但是這位上司的個性乖僻，對於不喜歡的同仁往往會口不擇言，或加重對方的業務量，其中一位同事不小心就被盯上了。對方犯了很大的錯誤，這位經理於是開始刁難他，不管是明示，還是暗示，都希望這位同事離開。

那名同事大為緊張，為了保全自己的位置，他找上了經理最看重的這個朋友。

不過這個人並不是以直接請求幫忙的方式，而是開始使出「搏感情」的手腕。他利用下班的時間，找機會和朋友接近，當聽說朋友有感情上的麻煩，還熱心的當起輔導老師跟和事佬，幫他解決問題。原本和這位同事不太熟的這位友人，漸漸的和他愈走愈近。

那位同事見時機成熟，有一天，露出沮喪的表情，向朋友哭訴自己遭到公司冷凍的事情，而且表明自己不能沒有這份工作，希望朋友代為求情。我這位朋友果然情義相挺，直接幫忙他說情。

沒想到那位同事在和經理私下溝通時，竟然把之前所有犯的錯，全推到朋友頭上，言之鑿鑿，讓經理對那位朋友起了疑心。但是那位個性耿直的朋友那料想得到，他極力護航的同事會在他背後插一刀。

就在糊里糊塗下，經理相信了小人的饞言，對他完全失去信任，等朋友發覺情況不對，已經為時已晚。原本職務岌岌可危的那名同事，後來占了他原本該升遷的位置，而他卻落得被掃地出門。

類似這樣的例子，在職場上屢見不鮮，我們能夠防君子，卻防不了小人。經常加害於你的，不是當面和你大聲爭吵的傢伙，而是表面上與你親暱的人。

你可能認為你並沒有做錯什麼，但是災禍卻降臨到你的身上，問題就出在我們太容易相信那些阿諛奉承的話語，和刻意偽裝出來的美好假象，而為此付出慘痛的代價。

著名的文學家歌德曾以「誘惑」為題，創造出知名的劇作《浮士德》。劇中主角浮士德在臨死前，接受了惡魔梅菲司特的條件，用靈魂交換了青春與美女。最後他終於清醒，在抗拒誘惑中死去，但卻得到了天使的引領上了天堂。這正說明了，惡魔是如何利用人們的渴望來達到目的，唯有堅定信念的人，才能得到真正的幸福。

無論是虛偽的情誼、還是美麗的外表，都是一種考驗著我們的誘惑。在歷史上，隨處都可見到許多這樣的故事，像是受到美色誘惑的昏君、聽信讒言而誤殺忠臣的國王，最後都因此而失去大片江山。對於自我的把持，信念的堅定與否？一旦失去客觀的考量，會為此蒙受重大的損失。

為了保有理想，與得來不易的生活，我們必須對那些過度美化的言詞和事物有所考量，為那些太容易得來的幸福有所警惕，才不至於掉入別人刻意設好的圈套，導致不可收拾的後果。

要記住，美好的表象往往暗藏著毒藥，如果我們不夠理智，就容易被有心者利用，而遭致莫大的損失。

CHAPTER 04

健康的心態，勝過任何補品

01

生命中的大補帖

正確的人生觀就是生命中的大補帖。

隨著醫學製藥的進步，市面上，到處可見各式各樣的保健產品，人們也被教育得比以往更加注重健康養生。光看那些琳瑯滿目的補品，不管它的成分、功效如何？都有一個共通點，就是比你生病時吃的藥還貴。這是否代表，如果你的口袋不夠深，就沒資格、沒條件養生，甚至沒條件生病呢？「預防勝於治療」是很好的觀念，但是，現代人大多營養足夠，過多的保健食品不僅是經濟上的負擔，對身體更是。

再加上那些「專家」還會強調這些補品需要長期使用，於是你像上了癮，不停的購買，擔心若一旦停止服用，就會前功盡棄，於是不斷囤積保健食品，造成莫名的壓力。

然而，太過依賴補品的話，就像對藥物的依賴一樣，在還不知道會不會對身體造成傷害之前，恐怕還會讓你忽略了生活中更多其他重要的事情。

如果你的情緒失衡，恐怕再多的營養品也補不回來。過度注重養生，你可能會忽略掉，保持健康身體的目的——為了好好過生活，為了體驗更多的人生，光有健康，卻愁眉苦臉、煩惱一堆，那麼「活得好」跟「過得好」彼此就產生了矛盾。

你會發現，有些人就算得了癌症或疾病，除了有些削瘦，看起來還是神采奕奕；你也會看到，那些看起來比實際年齡還要年輕的人，通常都是笑臉迎人、滿臉洋溢著幸福。

這些人的容光煥發，他不會告訴你，他是吃了什麼補品才變成這樣，他們會愉悅、幸福，主要是來自於對生活的自我滿足。

擁有一顆樂觀、年輕、開朗的心，才是生命的最佳補品，能夠讓你隨時保持活力，這絕對不是任何補藥可以達到的功效。

就像，一個懂得利用幽默的方式來看待人生的人，他能夠保持單純而快樂的心境，進而從心理影響生理，這種人看上去，隨時都容光煥發。那是從內在散發出來的，而不是靠吃什麼而讓他變成這樣的人。

當你懂得用包容的心對待別人，並以培養樂觀、幽默的性格去看待困境，你就擁有永保青春活力的秘方。

最近讀到一本書，裡頭提到了許多人存在心中的疑惑：為什麼我過得如此不順？為何我的麻煩總是這麼多？所有問題的源頭，必須從你的行為去解釋，那就是，你可能把自己放在「不對」的位置上。

所謂「不對」的行為，並不代表犯法或壞事，而是你做錯了決定，選錯了人生的道路。原本不適合你的方向，你卻堅持走下去，因此遇到的阻礙特別多，而能給你帶來的助力卻愈來愈少。

就像人類製造核子彈一樣，這原本不應該出現在世上，帶有毀滅性的東西，卻因為人們的執著跟政治角力的結果，最後造成嚴重的災難。

而我們小小平凡的人物也是一樣，當你選錯了行、討錯老婆，就像自己給自己製造了一個火藥庫，遲早為生命帶來災難！

就像佛家講的：「天堂有路不走，地獄無門闖進來。」如果你沒有正面的觀念和心態，做事情就很容易到處碰壁，然後處在鬱悶的情緒下，更容易影響到你的健康，這時，縱有再多的補品也無濟於事。

把自己放在對的位置，你的未來就像是搭上快艇一樣，精采而豐富，能夠在計畫的時間，抵達你的目地；而錯誤的決定，則像坐在雲霄飛車上，就算最後能夠到達終點，過程老是讓你心驚膽跳。

因此，在決定行動之前，要考慮的不是行得通，而是這樣的事情，究竟適不適合自己？

學習那些好的行為和觀念，在做決定前，深思熟慮，就能避免錯誤的發生，也能避掉許多不必要的煩惱。

想要隨時擁有愉悅的心情，最重要的，是找尋適合你的生活方式，如此，你的身心也會維持在最健康的狀態。這時候，你最需要的不是急著利用其他的方法來「保健」你的生活，而是積極的開創人生，方能為未來奠定良好的基礎。

02 學會看一個人的本質，勝過看他的條件

如果你的生活很簡單，也知道真誠是怎麼回事，那麼會吸引同樣的對象而來。

當你喜歡上一個人的時候，我們很難不去考慮對方的工作、財產，以及家庭背景等因素，而他的人格特質，反而被遠遠拋到後頭去了。

我有一個朋友，她在大學的時儘，交了一個男友，在他們畢業後，因為男友找不到工作，一年後，就被這個朋友以這個理由三振出局了。

我還看到有的女生跟男友分手，是因為對方的生意失敗；更有些人換男友，就像是換車一樣，從機車換到國產車、進口車。好像這個人品德好不好、個性好不好，都是其次，唯有物質才是根本之道，變得越來越務實。除了異性之間的交往，變得不再單純，而因為其他原因，選擇了物質的人依然

不快樂。

物欲經常蒙蔽了我們的雙眼，遮蔽了心靈，讓我們忘了原本的目的是什麼？我們只想過得好，卻很少去問自己精神上究竟獲得滿足了嗎？

我們似乎擁有了更多的選擇，卻又迷失了方向。

朋友告訴我一個有趣的故事：有一名老外隻身跑到印度去旅行，當他盤纏用盡，連回程的機票也買不起，只好留了下來，成了當地的流浪漢。

有一天，他遇到一位到當地自助旅行的女孩，兩人相識之後，竟然熱戀了起來，後來，經過女方的協助，他們一起飛往英國定居，從此，過著幸福美滿的日子。

這聽起來像是一場奇遇，也像是童話故事。讓人不禁為老外那種浪漫得毫無理性的行為感到佩服。其實，這也透露著一個很自然的法則；當一個人愛上一個一無所有的人，那便是真愛。

一個一無所有的人，擁有的只剩下本質，他的所作所為、思想，都會清楚地呈現，讓人很清楚你喜歡對方的是那一點，而沒有多餘的附加價值。我愛你，只因為你是你，身分地位財富什麼的都不重要。那些附加價值或許會讓你看起來更完美，但仍然取代不了你。

然而，看看過度物化的這個世界，有多少人會愛上某個人，純粹是因為他的個人本質及自身魅力呢？

我們一心想追求真愛，但我們卻常常背道而馳，經常擔心對方愛不愛自己？同時，也用了錯誤的方式去選擇一個對象。如果是真正的愛情，應該是愛上這個人的本性，而非「附加價值」。如果你在「附加價值」上不斷游移，那麼，對方也很有可能懷疑你的真心。

讓我們忘掉那些附加價值吧！如果對方沒有了這些，他，還是你愛的人嗎？這不僅考驗對方，也考驗我們自己。

03 得到與失去

得失，是一體兩面。

當我把過去的旅行紀錄，重新整理一遍，成為文章再度發表，往事歷歷在目。

不同的是，那時自己真實的活在那些事件裡，而現在僅僅剩下了回憶，以及物是人非的感慨。

有好幾次，我再回到當地，發現最要好的朋友已經不在，而當年成天廝混的當地朋友，也各自擁有了自己家庭和生活。

雖然，那些朋友依然展開熱情的雙臂迎接我，但我知道，我不可能再介入他們的生活。不能再跟他們到可以看到黎明升起的海灘，混到半夜的營火晚會；還有三更半夜，睡不著時，溜到要好的女性朋友房間門口敲敲門，然

後兩個人窩在破破爛爛的小房間談心，然後不知不覺的睡去……

隨著歲月的消逝，我和那些好友的生活已然斷了線，各自朝著不同的方向奔去，再也回不了頭。

而我再回到國內，生活已經跟過去不同，感覺格格不入，在這段時間裡，我得到了什麼，又失去了什麼？

在我事業剛開始起飛時，我選擇了把大量光陰抛擲在異鄉；我知道在台北那種競爭劇烈的環境，稍一不慎，很快就會有人將你取而代之。然而，我為何還如此「執迷不悟」？

我知道我失去了許多成就的機會，我變得會不斷拿國內的環境和我待過的地方做，粗俗和優雅、敏感和愚昧、鼓舞和踐踏，還有，我的好友們回到了更好的世界，而我呢？

人與人之間的防備、攻訐、視錢如命、周遭的人談論的話題重心改變了，沒有人要與你談心、聽你抱怨、在乎你的看法，大部分人在意的不是你的內在，也無視於這些，他們只關心你最近看來如何？你的手上有沒有戴著大鑽戒？有沒有開名車在路上跑？

認清事實後，我知道，過去的，已經回不去了，我失去了「可能」飛黃騰達的機會，但，我得到了什麼？

我得到了一段不同的人生，一個別人想複製也複製不出來的人生，只有我經歷、我獨享、我感受的旅程。在那段時光裡，我享受到別人所無法感受到的美妙滋味，這是那些提著超重的昂貴行李箱、住進五星級飯店、或是勤勞一點出國打工的人們，那些愛拷貝別人人生的族群，永遠無法拷貝的生活經歷。

現在想起來，那段時間像是夢一場，它並沒有讓我變得多富有，而是讓我發現，世界之大，有很多像我一樣的人，也有跟我一樣個性跟看法的人們，我不是孤單的，也不是唯一的。

而我在書上看到的那些人、那些事，都在這個世界上，真實的活著，他們有血肉、有溫度，而不是冰冰的躺在書頁裡。

那是多麼奇妙，甚至感到不可思議，我竟然可以成為當初我所翻閱的書籍的一部分，踏上它的土地，與之為伍。

我曾經擁有過，也曾經失去，然而，如果有適當的時機，我還是會開始啟程，尋找下一個令我感動的始點。

我明白，「改變」不一定是讓你的生活變得有多優渥，或是更加「成功」，這種改變，不跟大多數人一樣的選擇，才能夠豐富、滋養我的人生，讓我遇見更多的美好，而那些是別人就算付出再多的財富，也得不到的經驗，因為那是我最獨特、最美麗的唯一。

04

相信自己，活出自信

缺乏自信，你會成為滿足他人的工具。

最近發現一些成為流行話題的電視諧星，他們不同於一般人的言行，雖然遭致許多非議，但還是擁有一堆「粉絲」，許多人更是邊罵邊看，但人氣始終不墜。摒除「教壞小孩」這種衛道人士的看法，有沒有人在口水戰之餘，仔細分析那些特異獨行的人，為什麼會受到歡迎的原因？

如果你細心觀察，會發現那些丑角們不管別人怎麼說，他們對自己永遠充滿自信，始終覺得自己是最棒的。敢於說出和做出別人所不敢的事情，這才是他們受到喜愛的真正原因吧？

現代人備受壓力，又常常顧及面子，而不敢隨心所欲。因此，突然有一個這樣的人站了出來，立刻就引起注意。這些現象帶給我們一些啟示：有時候別人的批評不一定是對的，如果我們老是在意別人的眼光，就只能畏畏縮縮，無法開創自己的格局。

我們常因為害怕別人說些什麼，而不敢表達自己的想法，於是，我們都變得在做事上不敢和別人「不一樣」，總覺得「順從」大眾比較安全，也比較不容易出錯，即使偶爾出包，也能由別人頂著，抱著這種想法，往往讓我們在不知不覺中，逐漸埋沒了自我。結果，愈是努力照別人的指示去做，愈是不快樂；等於是滿足了別人，卻苦了自己。

著名文學家但丁曾提及：「能使我漂浮於人生泥沼而不至玷污的，來自於我的信心。」

老是順從別人的人，說穿了，就是缺乏自信，這種人渴望討好每一個人，藉由別人的肯定，來證明自己存在的價值。就好像藤蔓植物，只能依附他人生長，一旦受到狂風吹襲，樹倒了，自己也活不成了。

一個人如果清楚自己想要的，才能從中找到真正的幸福。就算不是公認的正妹也好、說話口齒不清也罷，每個人都是獨特的，不該因為外表而應受到壓抑或是剝奪。

有個親戚，她每次去掃墓時，看別人都在奉酒，只有她寧可倒茶，只要有人硬把酒瓶塞到她手裡，她立刻會用手指捏緊鼻子，避之唯恐不及。

我好奇的問這位阿姨，她坦言：「我一聞到酒味，就快要暈倒。」我聽了大為訝異，因為她能夠在夜店和別人一起狂歡，不醉不歸。

這樣的人我們很難想像，她能和別人一起舉杯，卻如此討厭酒。想想，這何嘗不是因為想獲得他人認同，而委屈自己呢？為了不想讓別人認為自己孤僻，或是害怕受排擠，勉強自己必須和他人同樂。

這種人的心中其實充滿痛苦，當他們回到家裡，面對自己的時候，難道不會討厭自己？為什麼要做個和別人一樣的人？為什麼無法堅持你所想的，讓別人對自己不斷要求，進而霸占了自己的靈魂？

停止這樣虐待自己的吧！要找到快樂，不用因為別人的眼光，只要不是作奸犯科、不是傷害別人的事，堅持用你自己的方式來面對生活，又有何妨？

嘴巴長在別人身上，他們愛怎麼說，隨他們去，但是你的生活卻是你可以自己掌控的，別輕易放棄這項權利。

無須和那些不懂你的人一塊攪和，只要真實的問自己：你覺得快樂嗎？

這，才是你應該負責的。

05 標價

只想用錢來打發一切事物的人，不懂得付出，永遠嘗不到真正被關心的滋味。

在現今的社會裡，功利和物質主義盛行，每個人都只在乎金錢、名利、工作等，也因此很容易把「金錢」和「人」劃上等號，因為任何東西在那裡，都像是被標上了價格，而會讓你有種錯覺，沒有什麼是用錢買不到的。

有一回，跟一個生活在純樸小鎮的朋友一塊坐車，我不知道哪根筋不對，忽然對他談起：「你可以用錢買到友誼、愛情，甚至一個家，沒有人能抵擋得了金錢的誘惑。」然而，說完這句話，我馬上就後悔了。

我的朋友沒有表示贊成或反對，只是沉默著，反倒是我自己心虛起來，為自己的言論而懊悔。

沒想到在習慣了某種固定的生活型態後，自己原本的觀念也逐漸被洗腦。而我知道，這位好友在下車之後，會回到和他命運緊繫的親友身邊。但是，他不用跟鄰居比較，不用在乎周遭人的眼光，他知道身旁的人永遠是在乎他，會在他跌倒時給予扶持和擁抱，傷心時給他溫暖，這是無價的。

佛蘭克林曾說過：「最能施惠於朋友的，往往不是金錢或一切物質上的接濟，而是那些親切的態度，歡悅的談話，同情的流露和純真的讚美。」的確，不少人會看在金錢的份上接近一個人，聞到金錢的味道而來，然而那些「尊重」、「感恩」、「關心」等等正面能量，卻是無可計價的。

假使你正視生命中可貴的情操，並渴望得到它，你將會發現，只有在沒有利益交換下，才有可能，因為那是最難以用物質衡量的。

或許你可以花錢請人幫忙，也可以花錢請人聽你說話，但那絕不是真心的付出，即使買到了陪伴，心靈上依然是空虛的。而真正的朋友，會放下手邊重要的工作，來傾聽你的心事。只因為你需要對方．他們會主動付出關心，體諒你的情緒，這才是人與人之間最溫暖的情誼。

盛治仁給孩子的家書中曾寫：「享受人生在於『人用錢』，不是『錢用人』。」試著將那些「價格」，從我們的身上撕去，重新看清楚事物的真正「價值」，你才能獲得更大的滿足。

06

一無所有之後

一無所有可以省卻不少包袱。

在這個經濟不景氣的年代，我們不知道厄運什麼時候會降臨？也許會失去工作、或是薪水被減半，雖然現在可能還保有一份工作，但誰知道，明天會發生什麼樣的事情呢？倒不如，從現在開始就有危機意識，先嘗試「一無所有」的生活吧！

「一無所有」倒也不是叫你拋棄一切，鑽木取火，去過原始人的生活，而是在還擁有資產的時候，試著把消費降到最低，可以讓我們在災難真正來臨時，知道該怎麼過活？

這不是虐待自己，而是出於對不可知的未來，所產生的一種預防心理，也是危機意識。不用將這種意識視為壓力或痛苦，不如從另外一個角度來

看，說不定你現在所擁有的，已經遠遠超過實際所需了呢？

大部分人都有這方面的毛病，當購物的興頭一來，立刻被熱情沖昏頭，連自己在幹什麼都不知道？反正先買了再說，於是家裡永遠有多餘的、過剩的，或是用不到的東西，最後可能發霉或被扔掉。

有一次，我到國外落後的村莊，連我用過的燈泡都有人搶著要。我很好奇問他們：「點這麼多燈，對你們來講不是一種負擔嗎？」

當時朋友笑笑沒有回答，但後來我才清楚，這地方連燈泡都可以賣了，幾乎沒有什麼東西是不能賣錢的。在我們視為平常、不屑一顧、甚至不在意的小物，對他們來說，都是一項珍重的資源。

只要曾到落後地區自助旅行過人，經常會有一種經驗，可能連你隨手帶去裝骯髒衣物的塑膠袋都可能成為「搶手貨」呢！

每回遇到這類情況，都不禁讓我深刻反省：是否我們都習慣要得太多了？每次遇到市面上那些不斷推陳出新的產品，總是以魔鬼般的姿態向我們召喚，讓人無法駕馭自己的衝動行為。

然而，你真的需要那些嗎？還是，你只是得到一時的滿足？等到衝動期過了，才會發現「想要」跟「需要」的分別，你會發現，很多時候你並不需要那麼多東西。

所以，先試著去想像空無一物的感覺吧！那時候，你想要的，可能會更貼近你真實的需要。譬如，想多一雙漂亮的鞋子的時候，不如先囤積日常用品來的實用。這時你想到的，絕不會是再多一些「額外」的東西。如果能未雨綢繆，我們的「好日子」還可以延續一段時光。

當我們擁有的越少，反而能容納的世界越寬廣，這並不代表你真的貧窮，而是另一個富有的開端。

07 終結心裡的碎碎念

世上有更多美好的事物等待著你。

有一回，我坐在社區的公園裡，看到有位上了年紀的老伯伯，朝我這頭慢慢地走來，他一手提著垃圾袋，一手拿著夾子，彎腰撿拾地上的垃圾。

當他靠近我，我才發現我的腳底下有好幾根菸蒂，這讓我感到非常尷尬，正想著該怎麼表達那些菸蒂並不是我丟的，又害怕那個阿伯會不會突然開口亂罵一通，而忘了該挪動位置。

但那個老伯伯似乎沒理會我的不安，只見他很快的把菸蒂都撿起，接著默默走向下一個座椅旁，繼續清理工作。

當他離去前，他的臉上都是平靜而祥和的神情，令我印象深刻。他一副做著他該做的工作那般，一點也不因此怪罪別人，或是充滿怨尤。這時，我心裡想著：如果那個亂丟菸蒂的「罪犯」，這時候就坐在這裡的話，內心一定會感到特別愧疚吧！

這樣的場景讓我想到之前遇到的另外一幕，一位太太拉著小女孩來公園裡玩耍，在公園裡，他們見到一個流浪漢，那位媽媽說：「女兒啊！將來你要是像這樣，我就先把你打死。」

當時聽到這句話，讓我冒出了一身冷汗，不知道接下來會不會發生什麼不可收拾的場面？只見那名流浪漢表情沉重的低下頭來，默默無語，我所設想的狀況並沒有發生。

或許那個媽媽的目地達成了，她想要利用這一點來教育她的小孩，可是，她這樣的做法，卻傷害了別人。

我們常常在遇到那些表達自己不滿的人，看到對方就忿忿不平，一副對方犯了多大的錯誤似的，不禁讓我產生一個念頭：「真的有必要把場面搞得這麼難看嗎？」

每個人都喜歡生活在愉悅的環境中，沒有人會不希望人與人之間，充滿著溫暖而親切的互動。但是，現實的狀況卻與之相反；太多人因為小事而計較，很多的火爆場面，往往就是從這裡開始，人與人之間的溫馨互動，也自此如泡沫般消失。

我們既然生活在群體裡，無法置身事外，何不在無傷大雅的情況下，彼此體諒，或是做些改善的動作，用感動他人來代替責備？你會發現，這個社會將會少了許多劍拔弩張，卻多了些許溫情。

或許你有著根深蒂固的是非觀念，只有黑白，沒有灰色地帶，但別忘了「體諒」他人。

要知道，不同的觀念而導致的衝突，會讓人與人之間的氣氛顯得緊張，不但沒有辦法解決問題，還衍生出許多傷害。

同樣，就算立意良善的人，但是用不同的態度去處理，所造成的結果卻大不相同。

你以為這樣就能改變世界嗎？在憤怒、生氣的情緒之下，很難讓人接受你的用意，就算你原本可能是好意。

「得饒人處且饒人」，沒有人不會犯錯，如果我們能以寬容的心境，去看待別人的行為，認為那可能是對方不小心疏忽的；或是還不了解狀況，就別妄下斷言，也能夠少些誤解，並舒緩人與人之間緊繃的情緒。

試著想想，當對別人生氣之前，是不是先傷害了自己？然後再造成別人的焦慮？把你可能遇到更美好的事物、做更有意義的事情的時光，都浪費在刁難、誤解上，不是更大的損失？

08 保持生命的活力

多動一動，保持生命那股活力，可以幫助你思考更為活絡。

每次我經過菜市場時，看到那裡總是充滿著陽光跟小販們叫賣聲，我很喜歡那裡的活力，跟以前住在台北，總是在冷冰冰的超級市場裡購物，感受迥然不同。

而在相隔不到十幾公尺的地方，剛好是家證券行，有空間的話，我也喜歡繞過去看看當日的行情，順便感受一下股市的氣氛。

那天，才剛進證券行一坐下，就聽到耳邊「嗡嗡嗡」地響起了一陣謾罵的聲音，讓我忍不住移動了位置，坐到更遠的地方。這才看清楚，原來那時我身後坐著一個年長的婦人，等我離開後，只剩下她坐在諾大空間，見沒了聽眾，她的嘴巴也閉了起來。

沒想到幾分鐘後，又有一個老先生站起來大罵：「我們都受騙了！被營業員騙、被這個政府騙了！」他像是演講人一般，滔滔不絕地站著講了約莫十分鐘才被制止。

我連忙起身，不想在這個地方待下去了，離去時，還聽到後頭有人又大喊了起來：「還有誰敢下單啊！」

相信你一定不會認為那群人是贏家，如果你隨便抓住裡頭的其中一個人問：「既然賠得這麼慘，你還在這裡幹嘛？」他們一定都會啞口無言，充其量只能說：「找個地方吐苦水罷了。」

這些人可能會拉住別人，告訴他們這事情千萬碰不得，他們是如何落得悽慘的下場，卻很少有人檢討，當初為什麼會犯下錯誤的決定？他們是不是該離開那裡，重新找回屬於自己的人生。

你可以說那是一群老人家，閒閒無事，才會在號子裡待著，但是，人老不代表心態一定也老，那些成天掛在網上無所事事的年輕人，不也跟那群老人沒什麼差別？

人應該隨著年歲的增加而長智慧，不是腦袋跟著一塊衰老，最可怕的是在還有體力、條件時，就提早「腦死」了，過著今天跟昨天沒什麼差別的日子，那麼生活真是一筆糊塗帳。

有時候，我會看到一些背著登山包搭公車的老人家，他們雖然一樣的年紀，做的卻是完全不同的事，充分顯示出心態上的不同。如果你主動上前懇談，會發現他們有充滿許多人生哲理的智慧，是一般年輕人所望塵莫及的。

而在傍晚時分，回家的路上，大部分菜商都已經收攤了，空出一塊地來，那裡常常擠滿一群老老少少，隨著音樂起舞，也有頭髮斑白的老人家，湊在幾個小朋友旁邊揮舞著雙手，吃力地搖晃著稍微臃腫的身體，但是他們的臉上都充滿著笑容。

想想那些早上為著生活十塊、二十塊，而在努力打拚、到了傍晚，卸下一身的疲勞，活動一下筋骨，迎接明天嶄新生活的人們；跟那些關在證券行裡，為著失去的大把鈔票而愁苦的容顏，你會希望自己置身那一個行列？

如果你不為自己做些事情，就等於讓自己提早進入老人階段，已經「腦死」了，你的生活就會像是一灘死水，毫無樂趣可言。

每個人都怕老，也都希望可以多年輕幾歲，但是，有沒有想過你現在又替自己做了些什麼？是不斷尋求機會，更加積極地生活著；還是任憑歲月在蹉跎中流失呢！

要知道，沒有人天生就注定是失敗者，事在人為，為自己安排一些計畫，學習更多新技能和新知識，這都有助你從生命的谷底攀升。

人老了，並不可怕，可怕的是「心」老了，只要隨時為自己注入新鮮的泉源，保持旺盛的活力，相信不論在何時何地，你都能過得多采多姿。

09

「紅眼症」

嫉妒心容易讓人喪失理智，暴露自己的缺陷。

「羨慕」和「嫉妒」，往往是幸福生活的殺手，只要不小心起心動念，就像跟惡魔打交道，即使親如家人，都會因為這個念頭，而讓關係毀於一旦。

從古到今，因為嫉妒而身敗名裂的例子，都說明嫉妒是如何毀滅我們的生活？像底下這個故事，就可以讓我們得到啟示：

史特勞斯父子是享譽世界的音樂家，父親有《萊茵河畔的迷人歌聲》和《拉德茨基進行曲》等代表作，而小史特勞斯的作品卻更為人所耳熟能詳，像是《藍色多瑙河》。

和貝多芬不同的是，小史特勞斯不是音樂家的父親所刻意栽培的。小史

特勞斯在六歲時，即展露驚人的天分，甚至能彈奏出自己想像出來的圓舞曲時，老史特勞斯非但不替他高興，反而感到不安，甚至想阻止他走向音樂之路。只要他在家發現兒子在練琴，就會用鞭子粗暴地抽打他。

幸好史特勞斯的母親支持兒子，偷偷幫他聘請教師，才不致於讓這位音樂天才被埋沒。

等到史特勞斯成年後，他的父親的猜忌心也沒因此而減弱，他警告維也納城內的各大舞廳，不准邀請兒子前往演出，否則從此他就不踏上該家舞台。

有一次，老史特勞斯聽說兒子有一場演出，就決定在同一時間也舉行一場音樂會，沒想到兒子的門票，在黑市中，比自己演出的門票還更為搶手，他氣憤得立刻取消音樂會，還因此生了場大病。

一直到過世前，他始終對兒子超越自己的天分這一點無法釋懷，也讓這份親情蒙上揮之不去的陰影。

西方一位哲學家德雷敦曾說：「嫉妒是靈魂的黃膽病。」因為得不到而產生的心病，甚至做出傷害他人的行為，不但對自己毫無幫助，也容易陷入因果循環的厄運中。因為嫉妒太容易遮蔽人的雙眼，而看不到身邊的幸福，導致親手扼殺了它。

大多數的人看到多金、長得帥，又成功的人，認為他們是「人生勝利組」羨慕或忌妒他們擁有的一切，然而，他們真的擁有一切嗎？想想那些光鮮亮麗的明星，他們沒有自己的私人時間；為了身材，不能盡情品嚐美食；甚至連戀情也不得曝光。如果你站在他們的角度，你會覺得他們真的獲得幸福嗎？

換個角度來看，如果你在一家公司上班，很難避免不去碰到一些小人，這些小人見不得人好、喜愛批評別人、甚至找個機會，想踹人一腳。也許有時候稱了他們的心意，但是你認為，這些人在達到目的之後，就會感到快樂嗎？

一個只會暗箭傷人的傢伙，其實內心無時無刻不感到煎熬，因為他們無法被其他人認同，只能絞盡腦汁在一些小手段上，一旦行為被揭穿後，往往連立足之地都沒有。

我們身邊不乏一些我們羨慕的對象；或是成功的事業、或是美滿幸福的家庭、或是培養了優秀的孩子、亦或者是過上了自由自在的人生……如果你看到這些，你把他人的精彩做為未來你的目標和追求，那麼，恭喜你，我相信你的未來一定可以出彩！反之，如果你看到他人的成就、而你卻去抱怨你沒有得到和他人一樣的收入、成就及榮譽；那只能說明你只看到了他人台上的光鮮、你卻不去關注他人台下的艱辛付出。

世界對每個人都是公平的，你若精彩天自安排。萬物都有一定的道理，別人擁有的可能讓你感到不滿，但要知道，世界上沒有十全十美的人，那些才華洋溢的人，可能承受精神上的痛苦；擁有萬貫家產的人，可能擔心他的財富會不會失去？為了守住現有的生活而提心吊膽。

如果你沒有特殊長才，又不夠有錢的話，應該慶幸這樣的平凡，可以讓你免去許多擔憂。

當然，美好的事物總是會吸引我們的目光，但是以一種欣賞的角度去看它，你所得到的，會是內心的喜悅，如果懷抱著「這有什麼了不起」、「憑什麼他有、我沒有」的這些心態，那麼生活就難保平靜了。

與其羨慕別人的才智和成就，何不改變一下想法，讓它成為督促你的一股力量呢？

每個人都具備不同的優勢，與其成天羨慕別人，還不如找出自己值得被羨慕的地方，展現你的優點。最後你將會發現；其實你最不滿意的是自己，而「嫉妒」不過是讓你更看清自己的缺點罷了！

發現心底響起負面的聲音，也別太焦急，冷靜下來，把它轉化為積極向上的動力，讓它成為你的助力而不是阻力，反而會因此受惠。

10 不要只打安全牌

唯一能將你從苦惱中拯救出來的，就是學著以第三者的角度來思考。

你是否有過這樣的經驗？當問題無法解決，無論你花費多少力氣，始終覺得自己不過是在原地打轉，無法突破。這時候生活像是遇到瓶頸，讓你無法掙脫命運的束縛。

為什麼我們經常會重複著相同的悲劇與挫折，無法往理想的人生邁進？這跟智商的高低無關，最主要還是來自於我們的「習慣」。

無論是處理事情的態度、看事物的角度，我們都很容易淪為慣性的思考，而掉入同樣的陷阱中。這時候，只要稍微做些改變，很容易就能扭轉整個局面。

日本知名醫學博士佐藤富雄也說過：「決定人一生的，並非命運或才能，而是習慣。」

「先做再說，不論成敗。」這句話我們常聽人說起，但是大多數人卻誤解了這句話。以為行動之後，會達到期待的結果。可是，大多時候不見得能獲得期待中的結果，而且往往事與願違。

不管如何，我們仍應抱持樂觀、寬容的心態去行動。當你暫時放下心中的煩惱，以另一種心情去面對，會發現困擾你的，經常不是問題本身，而是你思考的角度。

同樣一件事情，在別人眼中可能沒什麼大不了，但是你卻氣得跳腳；你苦思不得其解的問題，往往因為他人幾句話，或是一通電話就輕易解決。這在在說明我們都因為被自己所設定的框框限制住，而不是因為事情有多麼嚴重。

一名跳高選手始終無法超越自己的紀錄，雖然他不斷拿下比賽冠軍，但是對於這點卻耿耿於懷。終於在一次世界級賽事中，他敗下陣來，這讓他沮喪不已，決定暫時離開體壇。

在空閒下來的日子，他決定去拜訪住在鄉下的一名教練，這位教練是他剛踏入體壇的啟蒙老師。由於教練住的地方極為偏遠，他在下了最後一班公車後，只得自行走路上山。

沒想到，他走到一半時，聽到一種不尋常的聲音，轉頭一看，一隻兇狠的山豬正瞪著他。雖然他的體力不錯，可是那是在運動場上，對於凶猛野獸，他沒輒。

當山豬對他發動攻擊時，這名選手連忙往前逃跑。好巧不巧，他跑到了一座電力公司的圍牆旁邊。眼看沒有退路，那隻野獸還朝著他衝過來，這名選手只好用盡力氣拿出跳高的本事，一躍而過那座圍牆！

當他安全抵達教練的家中，告訴教練這個經過，教練大為訝異。他帶著選手回到當時越過的圍牆，仔細丈量一番，足足超越選手自己所保持的紀錄。這個結果也讓選手嚇了一跳，並有了深深的體悟。

他又重返體壇了，並且刷新自己的跳高紀錄，當別人問他怎麼做到的，他的回答是：「當我不再去考慮過去的紀錄時，就沒有什麼能夠限制我的。」

許多存在我們生活中的煩惱不是也一樣嗎？當你不當那是一回事，自然所有的煩惱也不能困擾你。

「跳脫煩惱」並不代表漠視，而是訓練自己運用另一種視野來看待問題，有助於解決眼前的困境。

喜多川泰的《第九位賢者》中說：「人的一生就如一幅大型的畫作拼圖，能夠完成畫作的人生是成功的人生，同時，思考今後要完成什麼樣的畫作，人們稱之為夢想。」的確如此，有些人只想用少少的幾片拼圖完成小夢想，也有人懷有雄心壯志的大畫作。

要描繪什麼樣的夢想，是每個人的自由。但最重要的，是不能被外在環境所擊倒，在無法改變環境的情況下，就改變我們的心境吧！

要改變你所處的環境，學習過程相當重要，如果你靠自己一個人無法解決困難時，最好的方式，就是拿你所崇拜的人作為模仿對象。

想想對方面對類似的問題時，他們會如何處理？甚至你也可以請教他們，如何才能讓你有所成長。

套一句名人常講的話：「站在巨人的肩膀上看世界。」這是一種高度，不但能提升你的視野，讓你更接近成功。

除了事業，生活很多方面也是可以套用。當你覺得活得並不快樂，為何不學學那些樂觀者的行為？當你老是承受著經濟壓力，你就應該跟在富人的背後學習。

這世界有太多的知識等待著我們去挖掘，太多事物等待創新，試著拓展自己的視野，你就不會被眼前一些小小的挫敗給擊倒。

運用不同的思維，來達成你的理想，無視於那些困擾，自然沒有什麼難關可以阻擋得了你。

11 把握當下

生命的意義不僅僅是生存，活得有意義才不會老來後悔。

現代醫療保健進步，人活得愈來愈長壽，光是從那些保險公司的宣傳就可以得知，更多人為了能活得更久的日子，開始感到憂慮，不得不提早做準備，省吃儉用，來儲存老年的經費。

翻開歷史，古代帝王沉迷於不老仙丹，在中國根深蒂固的觀念裡，似乎活得愈久是種福氣。

但，你是否有想過那些人瑞，似乎是以「年齡」獲得無比的尊崇，而不是以過往曾經留下的轟轟烈烈事蹟聞名？

人若是活得夠久了，但身上機能都已經退化到幾乎無法自理，這樣的生活，真的是種尊榮嗎？

有多少人會告訴你，青壯年的日子是最該珍惜的，因為你大半人生的菁華都集中在這時候，戀愛、組成家庭、建立事業、享受人生……如果你這段時間過得像是清教徒，不斷苛刻自己，杜絕接觸更寬廣世界的體驗，想等到老年再做，恐怕那時候的體力跟精神狀況，都無法享受真正的樂趣。

這讓我想到，我有一個朋友，每當他存夠一筆錢，不是投入養老基金或是保險，而是背上他的行囊，前往最荒涼的國度自助旅行。他的父母為此而感到不諒解，覺得他應該把這筆錢存下來，老年生活才會比較好過，因此常有爭執。

我那位朋友的觀念是；「如果我不趁現在有體力時，到那些行程艱困的地方擴展視野，難道要等老了坐在愛之船上豪賭嗎？」

這位朋友並不是把他的存款完全花盡，而是固定拿出一半的資金，為自己年輕的歲月留下值得回味的事情。

反觀他的父母，年輕時不懂得安排生活，到老其實生活型態也沒有任何改變——不是坐在椅子上發呆、要不然就是盯著電視螢幕一整天。

而我的那位朋友，在四處旅遊的過程中，正想著老年時能到那個國度享受清閒的日子。

其實，對生活的規劃，不一定要全部都放在老年再來享受，我指的並不是那些過度的消費和娛樂，而是要及早培養自己的興趣，那些能延續一輩子的樂趣，才是老年生活最重要的依靠。

年輕時不做，等到體力衰弱時再去做，就不一定能夠完成了。如果不能把日子過好，長壽不過是一種痛苦的延伸而已。

別把那些夢想推到「等你有空」、「等你老了」再來實踐，時光是不等人的，我們無法預測未來會有什麼意外發生，唯有把握現在，才是你最應該做的。

12 別把人生虛耗在等待中

懂得利用時間，等待就不是痛苦而漫長的煎熬。

我們的人生有許多時間都消耗在「等待」中，等車、等人、等待時機，為那些遲到的對象浪費不少生命。你可曾想過，把那些時間省卻下來，可以做多少更有意義的事情？

現代社會腳步快速，什麼都講求效率，速食、快捷成為大眾追求的目標，也讓商人大發利市。但等到面臨重大問題，需要下定決心時，人又變得拖拖拉拉，三心二意，美其名為「考慮周詳」、「三思而後行」，真實的用意卻是認為「等待才是唯一的良策」。

這種小事急躁、大事拖延的態度，造成生活秩序的混亂；你可能節省了上網那幾秒，卻花了更多時間在玩遊戲上頭；和朋友約會遲到，反而瓜分了你對工作上該投注的心力。

什麼事情應該等一等，什麼時間不應該浪費，如果不能對此權衡得宜，知道孰輕孰重？你將會發現處理正事的時間永遠不夠用。

在行銷學上，有種創造業績的做法就是：別等顧客上門，應該主動出擊。應用在生活層面也是相通的，你可以把宅解釋成：與其被迫呆坐在那裡，還不如趁機做些有意義的事情。

就拿跟朋友約會好了，很多人愛遲到，你拿他沒辦法，如果對方又是工作上必須接觸的對象時，你該怎麼辦？如果你能站起來到附近走走，或是書店、看些報章雜誌，利用多出來的時間吸收新知，甚至打電話詢問你想知道的資訊，都可能是你平常想做，卻沒時間做的事，卻可以利用這一小段時間輕鬆完成。

如果你能注意所謂的「雙重效應」，就不會執著於等不到人的懊惱，而為自己多製造可利用的時間，完成平常沒有時間去做的功課。

以前有名同事，因為公司的縮編而不得不離職，那時正巧碰上不景氣，到處都是求職的人潮，這位同事覺得等待求職通知的時間太久，在閒得發慌的情況下，她乾脆先跑去兼差當清潔工。

有一次，她在清掃其中一棟大樓，發現那裡有個專門教做布娃娃的工作室。想到自己以前喜歡縫縫補補，這項發現勾起了她的樂趣，於是她拿了部分的薪水參加課程。

兩個月過去了，雖然她應徵的工作始終沒有眉目，但卻因為學得了這項好手藝，加上她本身的天分，把那些作品拿去擺地攤，立刻大受歡迎，後來訂單還應接不暇。

漸漸地，她從擺地攤到開設工作室，最後還成立一間公司，產品外銷到歐美等國。現在她不僅是一間公司的老闆，收入更是過去的好幾十倍。回想這神奇的轉變，讓她有如作夢的感覺。

如果那位同事不是積極創造機會，在行動中發掘機會，而是等待別人給她一份工作，那麼今天她也不可能有這番成就。

機會是「創造」出來的，而不是等來的，嘗試一些新的事物，總比什麼都不做來得好，因為在不斷行動的過程中，能產生新的創意和想法。

就像「守株待兔」這則成語故事，如果那個人在等兔子的同時，還能去做一些農作，或許打獵，再有兔子撞上大樹時，他不是能夠得到更豐厚的收獲嗎？

別以為人生只有一條路；你只能等待某個人、或是某樣工作，萬一等待的最終結果不如預期呢？

不如利用等待的過程中，創造其他價值，你會發現那是好不容易得來的珍貴時光，而不是一種浪費。

時間是固定的，但你可以多方面利用，為自己創造不同的機會。

13 回到最初的單純

自我不需要對外尋求，而是經常性的反思。

每回提到我旅行的事情，最討厭聽到旁人問我：「你出國是為了追尋自我嗎？」

似乎受到西方電影的影響，人們會有一種觀念，就是旅行就是「自我放逐」、「找回自我」。然而，事情並不是如此。

當你回頭，去想想幼年時代，你會做什麼樣的事，你又如何表現自己？那就是「原來的你」。

就小朋友來說，他沒有太多的世俗羈絆，也不需要去討好誰、為誰而活，因此他表現出天生的行為。

有些小朋友喜愛畫畫、那麼他一定會畫得比別人還要好；如果她愛歌唱，也一定天生有個好歌喉和音準。只是在成長的過程中，有時因為家庭環境或是背負了許多人的期待，或是生活中的挫折等等因素，讓我們走向不同的道路。但當你有自省能力時，人生是可以修正回來的。

單純是小孩子。簡單是大孩子。單純的人沒有目的性，但成年人如果沒有目的性與目標感是無法在社會中生存的。簡單的人，不膚淺，知世故不世故，接受現實但不現實。他們有成年人世界的原則與規劃，也有孩童般的童心，善良大氣。

你希望活出屬於你的人生？還是模仿出來的生命，那端看你自己，不過，一個走在不屬於你的人生道路是絕對不會快樂的。

何必替自己的行為找種種藉口，你只要花點時間回想，就知道自己屬於那一種人了！旅行、求知只是讓自己多些人生體驗和智慧而已，別動不動與「自我」劃上等號了。

旅行之所以可以讓人「找尋自我」，有部分的原因，是因為遠離了塵囂，有另外一個時間和空間可以進行思考，而這樣的找尋自我，也是內在的反思。

所以，旅行只是追求自我的一種方法，而非全部，想明白你是什麼樣的人？重點是內在的反思，而非外在的索求。

CHAPTER 05

人生中的GPS

01 錯亂的邏輯

捨棄心頭的雜物，裝進更多光明吧！

彼得．杜拉克曾說過：「致力做真正重要的事並放棄所有其他事情，比任何時候都來得重要。」什麼是重要的事情也許因人而異，但有些事卻顯而易見。

我家頂樓有一個諾大的電冰箱空紙箱，放在那裡起碼超過有十年了，不僅沾上一層厚厚的灰塵跟髒污，箱子周邊還因為曾有老鼠闖入，而咬得東一個破洞、西一個破洞，看起來破爛不堪。

家裡的長輩在這個空箱子上面，墊上一個薄板，上頭逐漸堆積起物品，更扯的是一旁又多了一個較矮的電視紙箱，也是如法炮製。

於是，這兩個佔據了大半空間的箱子，經年累月的擱置在那，也沒有人

去移動，不是蒙塵就是堆積雜物，變得愈加醜陋，好幾次，都有跳上去踩扁的衝動。

對我來說，這種過度囤積物品的行為，已不只是個人習慣，而可能是內心生病了。有時候捨不得將雜物丟棄是因為想不出扔掉的好理由、因為捨不得當初花的每一分錢，可是一個不需要的物件的堆砌，不僅占據空間，其實也呈現了對過去的執念。

我們人生的態度也是一樣，你不能這個想要，那個也想要，什麼事是第一優先？什麼又是芝麻小事？什麼事關係到你的未來？什麼可以放到最後才去處理？當你知道它的輕重，而有了先後，這就是時間管理的效率，如何取捨就變得很重要了。

可惜的是大部分的人經常會搞亂次序，把那些不怎麼重要的事情優先處理，而最需改善的卻丟到一旁蒙塵。

什麼是「要事」、什麼是「瑣事」？當你能清楚的分辨，並妥善安排時間，你就已經成功了一半。

若是這個也想要、那個也想留，一個人的時間和精神有限，哪有可能面時光有限，必須經常提醒自己這點，才不會將重要的時間，浪費在不必要的人事物上。

時光珍貴，最值得花的，是自己的未來。

而對事物的輕重緩急，這方面的邏輯其實也可以訓練出來的，只要你在下決定的時候，可以多問自己一次：如果少了這項事物，或是晚一點做這件事，是否對你會造成很大的影響？當你花最多的時間或最大的資源，放在對你影響最大的事物上，自然生活上會有很大的轉變。

02 不要透支未來

盡量把生活過得簡單一點、清出來的空間才能裝進更美好的事物。

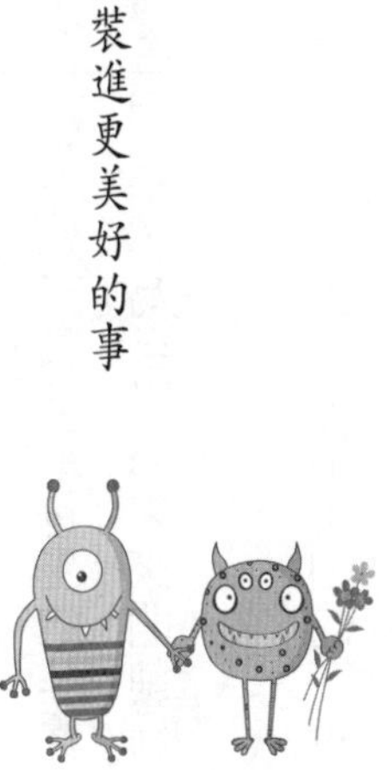

現在打開手機，三不五時跳出的廣告，或是每隔幾天，就有銀行打電話過來勸你借貸。當借貸變得容易時，我們的荷包反而守不住了。

借貸到手的剎那，我們會以為多了一筆錢而高興著，以為眼前這關已經渡過了，或是可以運用這筆錢，做更多的事。但是，如果沒有還款計畫的話，你已經踏入陷阱了。

貸款容易，還債卻是辛苦的，因為這是預支我們的未來，用未來的金錢來進行我們現在的消費。如果為了當下的一時滿足，而必須用往後的好幾年，甚至數十年，像奴隸一樣，不停的還錢。你還會輕易借貸嗎？如果能事先降低自己的需求，省錢比還錢來得輕鬆容易。

其實這也可以明白，當我們無所求時，自然不會處於不滿，也不致在生活上給自己製造太多的煩惱。最快樂的心境也是最平和的，要達到這樣的生活狀態，「制約」對一個人來說是相當重要。

借債就是寅吃卯糧，借債就是透支未來的GDP，借債不是價值創造，是透支未來的財富。簡單的日子能讓人有踏實感，認清生命中真正重要的，不是金錢名利，而是「珍惜」。學著過平凡的日子，體會它所帶來的踏實感受，你才能享受到美好的生活。

你不一定要真的口袋空空，但學著「兩手空空」的生活方式，讓人會有重新打拚的動力。

我們的所作所為，都是為了讓我們有個更好的生活、更平和的心情，沒有什麼比充滿幸福的生活更重要了，當你看清在糖果外衣底下，包裹的其實是黃蓮，就不會再被他迷得團團轉，自然能穩定腳步，為自己的未來開創局面。

奢侈的習性只會把人帶向委靡、墮落，物質享受的生活是很可怕的，也許能滿足一時的快樂，卻得在未來的日子裡「加倍償還」。所以在進行消費時，最好仔細想想，這是你現在「必須」採買的，還是「過度消費」了？

03 遺憾讓我們更珍惜現在的擁有

你遺忘的是痛苦，還是夢想？

我們的一生當中，經常可能有改變的機會。也許是一句話、一個念頭、遇到的某個人或某件事情，都會讓我們突然開竅！令我們迫不及待，想要去開創屬於自己的未來及夢想。

但隨著時光一天一天的過去，那個令你興奮的念頭，後來變成什麼了呢？是「遺憾」還是「回憶」或是真的引導你成為改變一生的契機。

我有一個朋友說：「當年如果能選擇自己出來創業的話，現在可能已經在業界走出一條路來，而不是仍然在公司裡賣血汗，替別人賺錢。」

另一個朋友則說：「如果當年能夠退一步、多些忍讓，就不會失去最愛的妻子。」

「要是我當初能選擇那個科系……」、「選擇那間公司，我說不定就……」似乎每個人到了一定的歲數之後，才驚覺似乎人生有許多遺憾，只是那些時光已經回不去了。機會早已消失，你卻依然跟當年的遺憾共存。

我們都以為只要把這事情放在心上，「總有」一天可以實現願望。但每每觸及問題重心，卻選擇了閃躲，卻用那些無意義的瑣事來填滿時間，因為那些比較容易，我們習慣在舒適圈裡跳不出來。

於是那個心中的理想被埋得越來越深、越來越深，直到蒙上了厚厚的灰塵，不再出現在腦海為止。

然後，一切彷彿都靜止了，再也沒有動靜……我們欺騙自己，已經給了自己一個交代，卻不承認是自己拖延、怠惰，才讓那些對生命最重要的夢想溜走。

詩人賀拉斯曾說過：「時間能使隱匿的東西顯露，也能使燦爛奪目的東西變得黯然無光。」

再怎麼令你興奮快樂的片刻，總是會消逝；就像是你得到某個獎賞、某個心愛的物品，隨著時間的累積，快樂的心情總是會逐漸退去。即使再想到，也很難重拾那種激情。

就像我們對於夢想的追求，一開始那種非得到不可，覺得希望無窮的心情，一旦沒有了行動，會發現離那些夢想越來越遠，即使「非要不可」的情緒，也逐漸會冷卻、直到消失。

我們都說不上來，自己錯失的究竟有多少了！任憑時光任苒，我們依舊停在原地，既沒有前進也沒有後退。

人與人之間有時「比較」起來是殘酷的。難道，我們要不斷的往後比，來尋得一絲的心理安慰？還是往前看看別人進展得如何，所產生的刺眼跟不甘心，其實是對內心最好的對話。

許多的嫉妒和不滿，其實都是一種警訊：提醒你其實可以做得更好，是不是錯過了什麼？那些夢想還存在嗎？

試著遺忘，當然是應付人生最簡單的方式，但絕對是毫無益處、有些事情的確是遺忘了比較好，但關於那些好事，卻不能這麼讓它平白溜走。你不僅僅是要經常提醒自己，甚至該有所動作，擦拭那些夢想、勇於實踐，才能讓生命更顯光輝，才能真正過你想像中的生活。

當事情過去了，我們或許能從中發掘好壞，但決不去後悔已經成了過去的選擇。選擇是你的，別怨也別後悔，因為於事無補，與其回頭望，倒不如想想該怎麼讓前方的路走得更好。

別再蹉跎光陰，就從現在起，開始一步步實踐你的計畫吧！

04 珍惜日常的快樂

我們習以為常的，卻往往是最珍貴的。

人越是忙碌，越替自己找更多的藉口，去解釋自己所忽略的事物。有人用「為了美好的將來」來替自己解說，有些更是說為了對方、家庭等等，但是卻忽略了，你所謂的「將來」、「心愛的人」，可能在還沒達到目標之前，都已經失去了。

人與人之間的感情其實是很脆弱的，特別需要時間去維護，一旦疏於照顧，它絕對無法成長得如你所想像。

我們往往習慣了別人的好，習慣了「那人」永遠在那裡。但人不是家具，更不是擺設品，一旦你輕忽大意，可能造成無法挽回的損失。等真正失去時，是你想用任何東西都無法挽回的。

回想起小時候，最快樂的時光其實是在家裡還沒做生意之前。那時，家中不會有一堆陌生人進進出出，母親全副的精神都在我們身上，我們隨時可以看到她不是在縫補衣服，就是在做飯，覺得有人陪伴而感到安心。

當然，母親偶爾也會出門去找朋友，不過機率很少，即使有，也是把我們帶在身邊，直到我們感到無聊煩躁時，她才匆忙的帶我們回家。

直到母親開始做起了小生意，我們的生活有了一百八十度的轉變。除了感到被忽略，有時還會因為客人而受到母親的責罵，那時心態開始不平衡，覺得和家人的那種親密感正逐漸在消失。

在當時，我看到一些同齡的鄰居朋友，看到他們一家人緊密的情感，常令我又羨慕又嫉妒，

現在我已經成年了，自然不會有那種不平衡的心態，不過，仍不免反思，被我們無意中忽略掉的關心正在一點一滴腐蝕我們的生活。那種危險可能一時無法察覺，卻造成日後極大傷害。我們在追求更好的物質生活時，可能同時也失去了生命中最重要的東西。

如果你有心愛的人，也許是丈夫、妻子、小孩……不要用「忙碌」當藉

口，而忽略了與他們的相處時光，時時提醒自己，在追求物質的同時，是否你忽略了所愛？

05 改變，永遠不遲

生命中永遠沒有來不及做的事，只有不做會後悔的事。

每過一段時間，當我們回顧過往，總會懊惱著錯失良機，除了悔恨，就是遺憾，並沒有進一步的行動。

相信很多人都有過儲蓄、保險的經驗，許多的報章雜誌都會告訴你，累積財富要趁早，年輕時，我們也聽進去了。無奈太多的誘惑，讓人把當初的決定拋諸腦後。等到一晃眼，步入中年了，或是面臨經濟的窘境，才讓我們猛然驚醒，自己浪費了多少光陰、金錢揮霍在那些毫無意義的事情上，結果所累積的只是年齡而已。

「早知道我應該……」這種話時常可以聽到，如果人生可以預期，你能看到未來的兩、三年或十年後會變成什麼樣子，那麼今天就不該是現在這個樣子。

「早知道」其實是一種事後諸葛、後見之明的說法，因為時間不可能停駐或重來，行動也不會發生於瞬息。那些沒有堅持目標的人，只會在一段時間後為自己的損失後悔，然後無奈的接受它。再過幾年，情況不會有任何改觀，依舊會在同樣的問題上打轉。

這些人或許會用「安分認命」來安慰自己，但是沒有替自己的生命，留下努力的痕跡，根本沒有資格為現在的失敗找理由。通常要一個人明白他的過錯，總是得等到失去一切之後。

當我們領悟了自己過去所犯的錯，所錯失的光陰，更應該加緊腳步，迎頭趕上才是，光是坐在那裡後悔嘆氣，只是浪費更多的光陰。

在國際上具有高知名度的肯德基連鎖店，很多人不知道創辦人桑德斯上校是在六十五歲才開始這項事業的。讓他決心開始創業，由來是因為一張救濟金的支票。

那時他孑然一身，領到的支票上金額只有一百零五塊美金，讓他簡直沮喪到極點。不過他並沒有怪罪政府，沒有好好照顧他這個老人，而是激發他創業的念頭。

與其接受救濟還不如自己爭氣，這時候在他心裡只有一個念頭：「我能對人們做出什麼貢獻？」

剛開始，他想到有個能做出美味炸雞的祕方，他原本想去餐館兜售祕方，但是這樣的收益只有一次，必須思考如何讓收入源源不絕，於是開店成了唯一的途徑。

好點子人人都有，但桑德斯上校和大多數人不一樣的地方就在於：他懂得行動，即使他已經到了該退休的年齡，卻依然野心勃勃。

過程中，他受到不少人的揶揄，有人對他表示：「如果你有炸雞的上等祕方，還需要穿著那麼可笑的白色服裝到處奔波嗎？」

為了實現自己的夢想，桑得斯上校向餐館推銷他的點子，挨家挨戶地敲門，整整兩年的時間，他開著自己那輛破舊的老爺車，足跡幾乎遍及美國的每一個角落。累了就睡在車子的後座，醒來便開始工作，面對過一千多次的拒絕，依然沒讓他中途而廢。

在他鍥而不捨的努力下，終於得以成功的開設以「肯德基」為名的炸雞店，除了有讓人喜愛的滋味外，他優越的行銷手腕，更成功地在世界各地建立連鎖店。現在許多國家的城市裡，都可以看到他那穿著白色外套、慈祥面容的標誌。

別說是六十歲了，很多人過了三十歲就已經失去希望，認為自己快被這社會淘汰了。其實成功不分早晚，任何時候只要願意下定決心都可以完成夢想。年紀不是重要的因素，而是你願不願意就從現在開始改變人生？

每個人對於生命的領悟不同，有人很早就知道自己要的是什麼，有人一輩子都還在尋覓。如果你已經找到了人生的目標，不管是什麼時候，都值得你放下一切牽絆，投注所有精神，如此才能為生命創造有意義的價值。

06

悲哀，是一種怠惰

什麼都不做，只會讓厄運找上門來。

你常常會聽到有人說：「這事情明天再做吧！」或許，你也曾經有過這種心態？但是等到明天，又發現有更多的狀況需要處理，於是一天又一天，你並沒有解決問題，而是累積更多的問題，這樣生活是無法改善的。

英國文學家約翰生曾說：「悲哀是一種怠惰。」因為不願面對現況，試圖努力改變，於是任由環境掌控，逃脫不了厄運纏身。

懶惰似乎和不幸產生了連結，因為不願意有所行動，許多的理想和願景都只能停留在想像中，儘管有再多聰明的好點子，也都無法實踐，而白白把機會讓給別人。

一旦面臨到生活的困境那會更糟，惰性會拖著人往下墜，因為連掙扎都懶的人，可想而知，前途晦暗。

有一隻狐狸渡過湍急的河水時，被沖到一個深谷中。牠遍體鱗傷，躺在地上一動也不能動，一群饑餓的蚊蠅立刻叮滿牠的全身。

這時，一個刺蝟經過，非常同情牠，問牠需不需要幫忙驅趕這些害蟲？狐狸搖了搖頭說：「不用啦，請你不要打擾牠們。」

「為什麼呢？」刺蝟無法理解。

「反正那些蚊蠅看起來差不多吸飽了血，我的疼痛也快結束了，就不如安於現狀吧！」狐狸回答說。

「可是你沒想過稍微動一動，可以讓那些蒼蠅驚嚇得逃開，不再騷擾你？」

「不了，反正我全身都痛，也不差那一小部分了。」狐狸說。

刺蝟眼看勸不動牠，只好繼續往前覓食。

等到傍晚，刺蝟回家時，又經過相同的地方，卻驚訝的發現狐狸身旁圍繞著的不是蚊蠅，而是許多禿鷹，而狐狸早就成了牠們口中的食物。與其說是倒楣，還不如說是自己一手造成。

悲哀的人生更是沒有懶惰的權利，正因陷於低潮，你更需要加倍努力才能脫離，如果連這點認知都沒有的話，往後可能遭致更大的災難。這就像連鎖反應，災難會在你輕忽的過程中接連發生。

古典阿德勒學派心理治療師曾端真說：「人生快樂之道在多元，重點是當自己有困擾時，就要變，若原來的方法讓你不快樂，就不要用原來的方法。」

人生中不可能都是一帆風順的，得意的背後總是隱藏著許多危機，但是挫折也可能帶來另一種契機，這都是在考驗人性，試驗人的意志和堅韌。無論面臨生命中的高、低潮，唯有積極努力的人，才能立於不墜之地。

面對那些不幸的事情，你要將它視為生活中的警訊，是什麼造成今日的挫折？這都是有跡可尋的。歷史中的君王只要是耽於驕縱逸樂，無論如何強大富庶的王國，最後都會遭致毀滅；在古人的格言中，也經常提醒世人「不進則退」的道理，而惰性正是所有毀滅的始作俑者。

我們都避免不了悲劇的發生，唯有行動可以掙脫枷鎖。無論面對任何事情，不嘗試才是讓禍害持續蔓延的兇手。

不要縱容那些不幸的事情發生而不予理會，只要願意付出行動，再困難的處境都可隨之扭轉，你可以努力的事情還有很多，唯有在行動的過程中，我們才能增加智慧，也唯有實踐，讓人看到光明美好的前景。

因此，停止那些憂傷吧！那些自憐的情緒並不能改變你的現況，重要的是你希望改變成什麼樣子？你對生活的理想在哪裡？這才是你應該提醒自己的。

和那些積極勤奮者學習，不浪費一點一滴的時間，你將會發現，執行力能讓你走出生活的谷底，讓你一步步朝夢想接近。

07 人生中的GPS

一旦生活建立目標，你就會在充滿希望中，創造更好的明天。

當我們迷路，唯一能救你離開的，就是找出方向，即使無法靠自己的力量走出，也能讓別人知道你的所在位置而前往相救。可見「方向」之於我們的重要性，而人生的目標就跟地標一樣重要。

如果你的人生有明確目標，就不會讓你迷失在茫茫人海中。人天生都有惰性，當你失去了奮鬥的目標，整個人也會因此變得散漫頹廢，以下這個故事也許就是最好的借鏡。

在一個破舊的酒館裡，經常看到一名醉客醉倒在吧台，在人群散去後，必須由服務生協助叫車送他回家。那些外地來的過客，經常因為不了解，而和這名醉客大打出手。

後來透過酒店老闆的說明，這個醉鬼是當地最知名的薩克斯風手。他因為車禍意外，失去了妻兒，於是開始沉迷酒精，好讓他逃離現實。

一個正好經過的小販知道了這個故事，走向那名醉鬼說：「先生，不如你跟我走吧！」

醉鬼看了這個穿著寒酸的好心人一眼，嘲笑的揮揮手說：「你這個窮鬼，我跟著你能得到什麼好處嗎？」

「沒有好處，先生。」那名小販誠懇的說：「但是我可以讓你致富。」

醉鬼狂笑了三聲，忽然心中起了詭異的念頭，他竟然真的答應。「我倒是想看看你能做些什麼？」

小販帶著他先來到他位於貧民窟的家中，一個小小的、不到十坪的地方擠滿了他的家人，有八個孩子、雙親、他的弟妹，唯一能擠出來的空間則堆滿他擺攤的小玩意兒。

但是小販很樂天，告訴醉鬼說：「我最大的希望，就是能換一間大一點的房子，讓家人都能吃飽。」醉鬼突然清醒過來。

過了一年，醉鬼不再是醉鬼，當他再回到酒館裡時，又恢復往日的神采，而且還錄製了個人唱片，在世界各地大受歡迎，原來那名小販還成了他的經紀人。

酒館的老闆很訝異他的轉變，問他怎麼辦到的。那名薩克斯風手說：「因為責任！當我想到有能力給別人更好的生活，為什麼不做呢？」

當你茫茫然，無所依靠時，很容易受到他人的影響，或因為心急，而走上偏路。設定人生目標，可視之為精神的依賴，那些足以穩定你的力量，讓你的生活得到成長。不管身處貧窮或失意，唯有設定目標能改善這一切。

有些人擁有得不多，也不是特別聰明，卻因為那份理想讓他力爭上游，最後超越比他優秀的人。而天生條件不錯的人，卻可能因為缺乏人生規劃，讓資質在無形中白白浪費掉。

有計畫的生活，可以讓你找回生命的活力，累積成就。

因為所作所為有明確方向，即使有所欠缺，也會努力學習、得到助力。這好比向銀行提出創業貸款，你必須有一套明確的企劃，沒有行員想聽那些空洞的言詞，你必須有具體的規劃才能得到幫助。

有史以來，人類已把不可能逐一變成可能。有人白手起家得到財富和權力，也有人從社會的最底層，攀上一國之君的巔峰。新創意與新發明層出不窮，十年前不可能完成的事，現在卻是理所當然。所以，人具備無限的可能性，擁有改變的力量。

找一個你需要成功的理由，成為你人生中的GPS，那可以是為了能舒服的過日子，或是為他人帶來更多幸福，這將成為推動你最大的動力，可以讓你不畏懼艱難，也能持續下去。

不過，別一次就把目標設定的太遠大，可能會因為短時間難以達成，而容易讓人放棄。先替自己設定階段性目標，那些短期間容易達成的事情，一步一步去完成，自然就能朝理想前進。

08 為自己列一張快樂清單

生活裡有太多瑣碎繁雜的事物，經常遮蔽了我們的雙眼，使我們轉移焦點。

身處在資訊爆炸的現代，我們每天接收到的資訊頻繁且雜亂，如果沒有好好掌握目標，很可能把大部分時間，浪費在那些無意義的事情上。像是上網、看電視、打電腦遊戲，我們消耗了大量時間，卻對生活毫無幫助。

今天你可能看了一小時的綜藝節目，哈哈大笑，隔天你就忘了那些讓你開心的橋段；但如果是和朋友之間的趣事，你可能過了好幾年依然回味無窮。

再以網路為例，大部分人上網不都是為玩遊戲、花了大量時間和那些你從沒見過、也可能一輩子不會見面的「網友」聊天，把友情建立在薄弱而毫無基礎的關係上，甚至還可能一不小心遇上網路詐騙。

但是我們卻經常不透過大腦思考，而跟著時代的潮流盲目行走。如果不好好替自己規劃，你會發現幾個月、幾年之後，你的日子和今天不會有什麼不同。

試問：你對現在的生活滿意嗎？如果你想脫離枯燥的日子，就應該找出讓自己感到快樂的生活方式，而不僅僅是打發時間而已。

要改變自己的生活，得到內心的滿足和愉悅，你就應該釐清思緒，找出最能讓你感到快樂的事物，並把重心放在上頭，把它當成你生活的目地。這樣一來，即使你做著討厭的工作、不得不和那些勾心鬥角的人相處，也能因為有這些快樂的理想而讓你收拾起埋怨，積極面對人生。

重點是，那一定是要你打從心裡願意享受的事物，而不是別人告訴你「他覺得多美好」的東西。

這可以從我們過往的經驗去挖掘，別讓那些美好的事情，在你的生命當中沉睡，當你下定決心要達到清單上的目標時，就能帶來一股動力讓你振作起來，感到生命的意義，人生也能重新找到方向。

那可能是一輛腳踏車、幾本書、你曾經失去的東西、你的嗜好、甚至是存款數字或是一棟房子等，等你慢慢在紙上列出來之後，你會發現從這些清單，可以慢慢帶領你找到真正的幸福。

快樂從來不會離我們太遠，透過清單去實現願望，我們可以擁有更大的滿足。

09

莫讓愛成為遺憾

人往往因為習慣而麻木，因此忽略了真愛。

你是否有過這樣的經驗：當你擁有一盒各式各樣的巧克力，會先從普通喜歡的開始吃，而把最愛的留在最後，但後來有可能被別的事情干擾，等過一陣子，想到那盒剩下的巧克力，想把它拿起來吃的時候，東西早就發霉了。

為什麼我們會習慣把最「珍愛」的留在最後，卻常常因為遺忘而失去？這跟人類的天性有關。

我有個女性朋友，她和男友交往了六、七年，最近開始懷疑這段感情是否要繼續下去？因為她發現這一、兩年，男友不太愛理她，不僅沒有噓寒問暖，有時甚至開始嫌惡起她來，像是她的生活習慣及打扮品味，這些日常生活的許多細節累積起來，讓她對這段關係感到疲乏。

就在這時候，出現了一個條件不錯又體貼的男人，對她展開積極的追求，讓她重回當初戀愛時那股甜蜜的滋味。

她的心境開始轉變，不再把生活重心放在男友身上，那些細微的轉變卻未能給男友帶來警覺，男友依然不在意。

就在她決定分手的一刻，男友所表現出的激烈反應，把她嚇壞了。原以為不再對她有任何愛意的男友，竟顯露出難以割捨的痛苦，這時才讓她體會到男友竟然還如此深愛她。

但是令這位朋友難以理解的是：為什麼他前後判若兩人，為什麼不及早表現出他的愛意？

其實這就是人性，那位男友表現和大部分的人一樣，就是對於習慣的幸福很容易麻痺，以至於忽略身邊人的感受。

想想，我們不也是對外人，要比家人來得客氣和討好，對於陌生人的包容，遠比自己親近的人還要來得寬大。

我們急於建立新的人際關係，新鮮的事物總是充滿吸引力，讓我們疏忽了那些最可靠的關係，而打亂了幸福的腳步。

因為擁有，所以不懂得重視，這是大多數人的通病，但也很有可能，讓我們所重視的人疏離。

別讓未來的自己後悔，趕緊檢視一下，你最近和親愛的家人或朋友，有多久沒有說話了？就算每天見面，你有用「心」關懷他們嗎？別讓同樣的懊悔，也發生在我們身上。

10 把生活看成一門藝術

賺錢的目地，是為了過生活；生活的重心，是為了讓自己快樂。

我們居住在這小小的島嶼中，過度追求物質生活，用錢買享受，是否在這樣的奢迷中，我們逐漸麻痺了自己？不斷地追求金錢，卻換來心靈的空虛？不管我們如何追著錢跑，到頭來卻成為金錢的奴隸，變成被物質所控制的人。

很多人會感覺自己付出大半生的心血，卻好像老是為了別人而活。替老闆賺錢，接著養家生子、背負房貸、車貸，一輩子就這麼過去了。

我們的生活，好像都和賺錢脫離不了關係，因此有人一旦失去工作、失去賺錢的機會，就好像失去了生命重心，生活因此瓦解，而鬱鬱寡歡。

最近翻閱一本財經雜誌，提到為未來生活預作準備。其中除了加強投資儲蓄的觀念之外，也提醒著新世代的年輕人，別過度重視物質享受。因為他們已經失去上一代經濟起飛的環境克勤克儉的精神，不知身處的危機。許多學者擔心，這一代年輕人的未來，可能會造成更多的獨居老人。

如果你恰好在此刻遇到瓶頸，應該慶幸生命的警鐘及時在你年輕的時候敲醒你，它可能是提醒你更多關於價值的省思，在追逐金錢過程中你所忽略的富。

有自知之明的人，早就想到要如何改變人生，如何讓生活更加豐富，且過得有意義。時時注意危機上的處理，漸漸能改變你對生活以及處理金錢的態度。

我們不一定非要倚賴金錢帶來的享受，我們的身邊其實存在著許多無價的寶藏，你也可以當作生命中追求的一種目標。你可以放棄開車，改騎腳踏車，享受風吹過耳際的聲音，重溫校園青春時期，又兼具環保意識。你也可以在家裡做菜，一方面節省開支又可以訓練廚藝，從中得到過去所沒有的樂趣。

當你開始注意身邊過去忽略的微小事物時，你會發現生活中有許多小驚喜。

很多事情只要去做，真正行動，就能慢慢改變。把生活看做一種藝術，就不會枯燥乏味了。

懂得藝術的人，生活將會變得多采多姿，只要細心體會其實生活中處處是驚喜，問題是你用何種角度去面對？

11 把生活簡單化

生活簡單化，能幫助你找到生活的平靜。

不知道你有沒有這樣的經驗？當你必須從一個地方，把家當搬到另一個地方時，面對滿坑滿谷的東西，就是最令你傷腦筋的時候。你一定會為自己花了那麼多錢，買了許多無用的東西，而感到後悔不已。望著那些扔掉心疼，留著又是負擔的東西興嘆，為什麼當初會這麼傻？

的確，在我們被那些精美包裝過的商品洗腦時，根本不會想到後果，當時腦海裡出現的，盡是當下擁有的幸福感。於是不小心買了重複的衣物，好看卻不實用的物品，東西累積得越來越多，卻瓜分了戶頭裡的存款。

一直要到你須整理屋內，才會驚覺你儲存的垃圾，遠比實質上的財富還要多。

早些年流行DIY的觀念，強調許多的裝飾或是家具自己動手做，不但能省下一筆工錢，更能發揮創意，從中獲得成就感。這當然是件好事，但是久而久之，這樣「動手自己做」的觀念，漸漸打散到許多生活層面。

像是你到處就買得到的幾十塊錢麵包、麵條、鍋爐，標榜甚至取代女傭的清掃工具都出爐了，生意人告訴你只要花幾千塊甚至上萬塊，只要使用幾年就可以回本。於是你深信不疑，花上百倍的價格買了那些東西，接著可能用了一、兩次，就嫌太麻煩，而將之丟進倉庫裡。

其實，台灣人口的密度跟商店成比例，幸運的我們想買什麼都買得到，而且價格也並非昂貴到買不下手，根本不需要大費周章辛苦動手做。畢竟專業跟業餘還是有一大段差距，你把時間花在那些不經常用到的東西，為那些瑣碎的事情浪費精力，相對的，也瓜分了你該專注在工作上的時間，或是從事真正的興趣。

再來說那些衣服飾品好了，流行不一定適合你的風格和身材，盲目追求時尚也不過是滿足業者的荷包，對你一點幫助也沒有。

想想我們日常所使用的物品吧！衣物最初也只是為了遮蔽身體，交通工具是為了前往更遠的地方，電器用品是因為人的懶惰而設計等等，如果你可以多走幾步路搭乘交通工具，勤勞一點，就不需要花大錢去擁有那些東西。

你必須在意的，應該是買來的東西都能經常使用到，而不是拿來「收藏」。真正會隨著時間消逝而增值的商品，也絕不是你有能力經常購買的。

可想而知，大多數時間我們買來的，都可能是將來會成為垃圾的物品，你不斷購物的原因，不過是為了滿足「虛榮」，而不是廣告中提到的目的。

所以你應該回歸到原點，重新找到認知：真的需要那項產品嗎？還是只是因為心靈上的空虛，必須藉由不斷的「血拚」來填補。要停止為生活不斷添加累贅的方法，就是需要加強「物盡其用」的觀念，把「夠用了」這句話經常在心裡複誦。

在想添進一件新物品時，先停下來想一想：這是必要的？或只是情緒作祟？沒有這項物品，會影響你的生活嗎？

如果你可以減少購物的舉動，珍惜已經擁有的物品，並且善加利用，不僅可以減少經濟上的負擔，更可以得到踏實的感覺。多了一樣東西，你的未來並不會因此而有所轉變，能改變你的是心態，而不是外在附加的物質。

12 放緩你的步調

放慢你的腳步，這世界並不會因此而有所改變。

身處在這個變化快速的社會中，人們常不知不覺瞎忙起來。在我們承受壓力時，或感到緊張、焦慮時，經常會做出令自己事後後悔不已的決定，並於事後責怪當時的情況，逼得你不得不如此做。

比如：看到別人從事某項熱門產業，不先看看本身的條件，就盲目跟著人家擠進去，卻發現根本沒自己容身之所。

還有，你認為自己年紀不小了，不想成為人家的笑柄，隨便找個對象結婚，好給親友做個交代，最後還是離婚收場，這些都讓你白忙一場，忘了問自己這麼勞累，到底有什麼意義。

當我們急著去做一件事情時，容易得到反效果，因為你不過是一窩蜂盲從的小卒罷了！

因為害怕被人群淹沒，因此我們努力再努力，卻因為缺乏方法，只能老是吊車尾，很多的鬱悶、憤慨油然而生。難道我們一定要活在跟人比較當中嗎？除了那種繁忙、毫不知味的生活外，難道就沒有另外一種生活，讓你也能從中得到滿足？

記得在幾年前曾看過一篇演員陳柏霖的報導。文章中令我印象深刻的段落是：「很多人走對第一步，就認為成功的路就在前方，但是聰明的人，會在這時更看清楚，自己究竟要什麼？」其中也記錄了陳柏霖說：「那與生俱來的直覺，你才可以變成自己，想太多就不是自己了。」想做自己就必須化繁為簡，想做自己就要保持自己本質的不變。

我有一位護士朋友因受不了白色巨塔中的爆肝工作量，以及時常需面對生死離別的負面情緒，某天決定放棄一切，到東南亞一小地方生活、住居。過了幾年後，我去拜訪她，她已經在當地買了一間洋房，正要在前院蓋游泳池。

「這樣的生活，我在台灣一輩子都只能作夢。」她告訴我。

在當地，她光是靠一間小小的店鋪就可以讓她過很好的生活，我看她的生活很悠閒，當地人的步調緩慢。他們可以為朋友的來訪忙碌一整天，幫家裡的花盆油漆花上好幾個早上的時間，這也是一種生活。當你問他們快樂嗎？答案絕對是肯定的。

為什麼我們要把生活都想成同一個模式，在別人身上快樂的事，套在另外一個人身上卻未必如此，如果你覺得忙碌的節奏讓你感到焦躁，那麼為何不試試另外一種方式。

不是每個人都適合當事業上的強人，在河堤旁當個悠閒的釣魚翁，也是一種快樂的生活方式。

放慢腳步，簡化生活，才能盡情做自己想做的事，做自己的主人，不讓人生留有遺憾。

很多人想用忙碌換取以後的幸福，但黃明堅卻說：「幸福，不在我們擁有或者沒有的東西裡面。幸福，在於拋棄速度，在於趨近沒有速度的緩慢緩慢裡。」不是每件事情一定要急著去做，對未來才有幫助，也不是每樣東西都非要擁有不可。如果你覺得精神一直處於緊繃狀態下，這時候就應該停下腳步，好好調整自己了。

人生其實有很多面貌，最重要的是：你得問問自己過得是否踏實。

國家圖書館出版品預行編目資料

令人挫折的不是跌倒，而是從來不敢向前奔跑 / 徐竹著
・——初版——新北市：晶冠，2018.07印刷
面；公分・——

ISBN 978-986-96429-1-0（平裝）

1. 修身　2. 生活指導

192.1　　107008248

時光薈萃　03

令人挫折的不是跌倒，而是從來不敢向前奔跑

作　　者　徐竹
副總編輯　林美玲
特約編輯　傅嘉美
校　　W對　謝函芳
封面設計　王心怡
照片版權　Shutterstock, Inc.
出版發行　晶冠出版有限公司
電　　話　02-7731-5558
傳　　真　02-2245-1479
E-mail　ace.reading@gmail.com
部 落 格　http://acereading.pixnet.net/blog
總 代 理　旭昇圖書有限公司
電　　話　02-2245-1480（代表號）
傳　　真　02-2245-1479
郵政劃撥　12935041 旭昇圖書有限公司
地　　址　新北市中和區中山路二段352號2樓
E-mail　s1686688@ms31.hinet.net
旭昇悅讀網　http://ubooks.tw/
印　　製　福霖印刷有限公司
定　　價　新台幣250元
出版日期　2018年08月 初版一刷
ISBN-13　978-986-96429-1-0